Kein Kinderkram!

Die Erzieherinnen- und Erzieherausbildung in Lernfeldern

Arbeitsheft 2

von

Anja Berkemeier

Kurt-Helmuth Eimuth

Gabriele Holler

Anita Hüseman

Michael Ott

Volker Fischer

westermann

Auf verschiedenen Seiten dieses Buches befinden sich Verweise (Links) auf Internetadressen.

1. Auflage, 2007

Westermann Schroedel Diesterweg Schöningh Winklers GmbH, Braunschweig
www.westermann.de

Lektorat: Gabriele Holler
Redaktion: Susanne Stucki
Verlagsherstellung: Harald Kalkan
Satz: Fehmer, Grafik & Layout, Cremlingen
Druck und Bindung: westermann druck GmbH, Braunschweig

ISBN 978-3-8045-**9613**-9

Vorwort

Mit den vorliegenden Arbeitsheften möchten wir weitere Impulse für eine bessere Erzieherausbildung anbieten. Wir haben viele Anregungen aus unserer praktischen Arbeit mit Studierenden und Hinweise von Kolleginnen und Kollegen an den Fachschulen aufgegriffen.

Die Impulse in dem vorliegenden Arbeitsheft 2 beziehen sich zum einen auf die Lernfelder „Entwicklung und Bildung fördern", mit Anregungen zu den Themenfeldern Sprachförderung, Spielpädagogik, Kinder- und Jugendliteratur, Theater - Musik-Tanz, Kreativitätsförderung und mehreren Impulsen zu naturwissenschaftlichen Themen sowie auf das Lernfeld „Professionalisierung des Berufsbilds". Hier gibt es wertvolle Impulse für Ihren Unterricht zur Entwicklung einer Vision des Erzieherinnenberufs, zu Teambesprechungen und Teamentwicklung, zu Erwartungen von und Kommunikation mit Eltern, zu Qualitätssicherung und weiteren Aspekten Ihres künftigen anspruchsvollen Berufes.

Methodisch haben wir uns - wie auch schon in Arbeitsheft 1 dieser Reihe, am Konzept des Kooperativen Lernens orientiert. In den einzelnen Aufgaben findet sich deshalb immer wieder die Stufung Denken - Austauschen - Präsentieren. Wir erachten diesen Aufbau und dieses Vorgehen im Unterricht als sinnvoll und zeitgemäß, denn Informationen verstehen und verarbeiten ist die Basis für die Weitergabe und Anwendung gelernter Inhalte.

Der Austausch mit dem Lernpartner bzw. der Gruppe hilft jedem Studierenden, Informationen mit eigenen Erfahrungen abzugleichen und Neues in bekannten Wissensstrukturen zu integrieren. Menschen lernen von einander, in der Auseinandersetzung mit Inhalten, beim praktischen Tun, in Diskussionen und Streitgesprächen. Das ist bei Kindern, Jugendlichen und Erwachsenen so.

Bildung ist Anstrengung. Aber Anstrengung kann auch Spaß machen. Wir sind überzeugt, dass so gesehen die folgenden Seiten viel (anstrengendes) Vergnügen bereiten.

Anja Berkemeier, Kurt-Helmuth Eimuth,
Gabriele Holler, Anita Hüseman, Michael Ott,
Volker Fischer

Bildquellen

Carlsen Verlag GmbH, Hamburg 2005, Illustrationen von Sabine Wilharm, aus: J. K. Rowling, HARRY POTTER UND DER HALBBLUTPRINZ: 72;

Hefele Fotodesign, Darmstadt: 94, 110;

Kottmann, Corinna, Lage-Hörste: 88, 91, 98, 100;

Mauritius Images, Mittenwald (imagebroker.net): 58;

Osteroth, Maike, Helmstedt: 127;

Ott, Michael, Freiburg: 33, 39, 40, 41, 42, 43, 44, 45, 48, 50, 53, 56, 57;

Shaw, Marcus, Kiel: 26, 28, 125;

Zimmermann, Stefan, Göttingen: 12.

außerdem in dieser Reihe erschienen:

Arbeitsheft 1
zu „Kein Kinderkram!“ Band 1

Kurt-Helmuth Eimuth,
Ingrid Rauner, Bianca Ribic

ISBN: 978-3-8045-9611-5

Die Impulse in Arbeitsheft 1 beziehen sich auf die Lernfelder „Auseinandersetzung mit der zukünftigen Berufsrolle“, „Beziehungen wahrnehmen – Beziehungen aufbauen“ und „Entwicklung eines Konzepts pädagogischen Handelns“.

Das Heft bietet Anregungen und Aufgaben unter anderem zu den Themen „Beziehung zu Kindern unter drei Jahren“, „Beziehungen zu Jugendlichen in Kinderheimen“ oder im dritten Lernfeld zu „Freispiel gestalten“, „Interkulturelle Kompetenz“ oder „Familie heute“. Die Schüler können die Aufgaben direkt im Unterricht bearbeiten und als wertvolle Ergänzung für ihre eigenen Unterlagen und Materialien benutzen.

Inhalt

Lernfeld 4: Entwicklung und Bildung fördern

Lernfeld 5: Professionalisierung des Berufsbildes

Lernfeld 4: Entwicklung und Bildung fördern

Jmpuls 1: Spiel beobachten und verstehen

Bd 2, LF 4
Kap. 1.1,
Kap. 1.2

Was ist Spiel?

1 Gestalten Sie eine „Spiel ist, wenn...“-Karte.
Wenn Sie die Vorlage abzeichnen oder kopieren, haben Sie hinterher verschiedene Postkarten, die Sie aufhängen können.

2 Finden Sie Oberbegriffe, die die Merkmale des Spiels für Sie kurz und treffend beschreiben. Schreiben Sie diese auf Moderations- oder Karteikarten.

a) Die Gruppen stellen ihre Oberbegriffe vor. Einigen Sie sich im Plenum, welche Sie für die Weiterarbeit verwenden wollen. Hängen Sie sie an eine Moderationswand oder legen Sie sie in einer Reihe auf den Boden.

b) Stellen Sie alle „Spiel ist... -Karten“ im Raum aus. Besprechen Sie kurz Ihre Eindrücke. Was fällt Ihnen besonders auf? Welche Themen oder Aspekte wiederholen sich?

c) Welche Merkmale des Spiels sind in den Postkarten angesprochen? Ordnen Sie die Postkarten den Oberbegriffen zu. Tun Sie dies zunächst ohne zu sprechen. Sie können also auch eine bereits von einem Mitstudierenden zugeordnete Karte an einen anderen Platz legen, wenn sie Ihrer Meinung nach dort besser passt. Nach etwa 5 Minuten sprechen Sie über die Zuordnungen. Wo gibt es Unstimmigkeiten? Welche Gründe gibt es für welche Zuordnung?

3 Funktion des Spielens

Welche Funktion hat Spielen für Kinder? Welche Funktionen soll oder kann es in der pädagogischen Arbeit erfüllen?

a) Tragen Sie auf der Meinungsachse ein, inwieweit Sie den folgenden Aussagen zustimmen oder sie ablehnen. (von 0 = keine Zustimmung bis 100 = völlige Zustimmung)

A Kinder haben von Natur aus einen gesunden „Spieltrieb“. Man sollte sie deswegen so spielen lassen, wie sie wollen, und nicht „pädagogisch“ eingreifen.

B Die meisten Kinder und Jugendlichen können gar nicht mehr richtig spielen. Sie müssen es erst wieder lernen.

C In der Schule sollte Spiel fester Bestandteil des Unterrichts sein.

D Kinder sollen im Spiel das tun können, was sie sonst nicht dürfen.

E Spielen ist die Arbeit des Kindes.

„Meine Standpunkte zu den Aussagen A – E“

0 50 100

b) Finden Sie sich in Zufallspaaren zusammen und stellen Sie sich abwechselnd Ihre Positionen vor. Begründen Sie Ihre Ansichten.

Methodenhinweis

Wenn Sie statt des Austausches zu zweit in eine Gruppendiskussion kommen wollen, legen oder zeichnen Sie eine Linie durch den Raum, die Sie mit den Punkten 0 - 50 - 100 versehen. Eine Aussage wird vorgelesen, und alle stellen sich an die entsprechende Stelle auf der Linie. Einzelne begründen dann ihren Standpunkt: „Ich stehe hier, weil...“

4 Bedeutung des Spiels für die Entwicklung von Kindern

Lesen Sie folgende Beispiele für Spielsituationen, ordnen Sie sie chronologisch nach der Entwicklung der Kinder und schätzen Sie das Alter der jeweiligen Kinder. Wählen Sie eine der dargestellten Spielsituationen aus, mit der Sie sich gerne näher beschäftigen würden.

I. Shanli und ihre Freundin Luisa beschließen, Friseur zu spielen. „Ich bin Friseur“, ruft Luisa, und beginnt sofort das Spiel, indem sie einen Stuhl heranholt. Dann sieht sie sich um, entdeckt Kim in der Nähe, und ruft sie. „Bitte setzen, dann spielen wir Friseur.“ Kim lacht und setzt sich auf den Stuhl. Luisa fängt an, ihr die Haare zu bürsten. „Das sind aber sehr schöne Haare. Aber ein bisschen lang. Was möchten Sie denn: kurz oder Zöpfe?“ „Zöpfe“, antwortet Kim schnell. Shanli steht etwas abseits. Sie sieht ratlos aus. „Komm doch“, fordert Luisa sie auf. „Ich bin erst noch zu Hause“, entgegnet Shanli daraufhin. Sie setzt sich einen Hut aus der Verkleidungskiste auf und kommt. „Guten Tag. Können Sie mir eine neue Frisur machen?“ Luisa sieht von Kim zu Shanli. Dann holt sie einen zweiten Stuhl. Shanli setzt sich. „Du musst ein bisschen warten. Die Friseurin kommt gleich wieder,“ sagt sie zu Kim. Und an Shanli gewandt: „Ich muss Ihre Haare erst einmal gründlich bürsten.“ Sie beginnt damit, was aber Shanli offensichtlich nicht gefällt. „Au, du tust mir weh.“ „Nein, das tut gar nicht weh. Haare schneiden tut nicht weh“ entgegnet Luisa bestimmt. „Ich will aber auch Friseur sein,“ sagt Shanli. „Na gut, dann sind wir eben beide Friseur,“ bietet Luisa an. Shanli steht auf, und dann stehen die beiden älteren Mädchen hinter Kim, beraten und frisieren sie...

II. „Bettina liegt auf dem Rücken und kaut auf einem Ring mit vielen Holzschlüsseln. Sie unterbricht ihre Kautätigkeit, hält den Ring hoch, betrachtet ihn, lauscht dem Geräusch, das entsteht. Sie bewegt ihren Arm, scheint wieder dem Geräusch zu lauschen. Dann macht sie mit dem Arm eine rotierende Bewegung. Das Spielzeug streift ihr Gesicht und ihren Kopf. Die Bewegung endet an ihrem Mund und sie beginnt wieder zu kauen. Eine Weile liegt sie ganz still, das Kauen und Lutschen ist ihre einzige Tätigkeit. Dann beginnt Bettina das Spiel von neuem: hält den Ring vor das Gesicht, betrachtet ihn, lauscht dem Geräusch, fährt sich über den Kopf und durchs Gesicht, endet mit kauen und nuckeln."

(Aus: Das Online-Familienhandbuch, Elisabeth C. Gründler, Freies Spiel von Säuglingen und Kleinkindern. Das Kind als Akteur seiner Entwicklung – 22.2.07)

III. Jan steht draußen am Haus. Mit einem Ball wirft er gegen die Wand und fängt ihn wieder auf. Amin kommt dazu. „Kann ich auch mal?" Jan wirft ihm den Ball zu. Amin wirft den Ball gegen die Wand, schafft es dann aber nicht, ihn zu fangen. Er holt den Ball, und will es noch einmal versuchen. „Ich bin dran," ruft Jan empört. Er nimmt Amin den Ball ab, wirft und fängt. „Immer abwechselnd", sagt er, und gibt Amin den Ball. Eine Weile spielen die beiden so – Tobias sieht aus einiger Entfernung zu. Schließlich nähert er sich, stellt sich neben Amin, und bekommt den Ball. Er wirft ihn fest auf den Boden, so dass er vom Boden abprallt, gegen die Wand springt, und dann fängt er den Ball auf. „So geht das aber nicht," ruft Amin. Wir spielen ohne aufprallen." Als Tobias wieder an der Reihe ist, wirft er so, wie die anderen beiden. Nach drei weiteren Runden schlägt er vor, es anders zu machen. „Ich kenne es aber mit aufprallen. Jetzt spielen wir mal so, wie ich sage." ...

IV. Faris hat sich zum Spielen eine große Plastikflasche und drei Holzringe geholt. Er sitzt aufrecht, stellt die Flasche zwischen seine Beine und beginnt, die Holzringe auf den Flaschenhals zu stecken. Er arbeitet konzentriert und mit großem Kraftaufwand. Beim dritten Ring fällt die Flasche um. Faris sammelt die Ringe wieder ein, stellt die Flasche erneut auf und beginnt sein Experiment von vorn. Diesmal gelingt es ihm. Er schaut hoch, wie wenn er Bestätigung suchte, dann greift er die Flasche mit den drei Ringen. führt sie zum Mund, beißt hinein, kaut drauf herum.

(Aus: Das Online-Familienhandbuch, Elisabeth C. Gründler, Freies Spiel von Säuglingen und Kleinkindern. Das Kind als Akteur seiner Entwicklung – 22.2.07

V. Malte sitzt im Sand. Er hat einen kurzen dicken Stock in der Hand. „Brumm, Brrrrrum" – schiebt er den Stock durch den Sand, und kriecht immer weiter durch den Sandkasten. Am Rand angekommen, setzt er sich auf die Kante, betrachtet kurz seinen Stock, und führt ihn dann in der Hand durch die Luft. Schließlich läuft er los, immer mit dem Stock in der ausgestreckten Hand und macht „Ffffffffffffhhhh, ffffffhhhhhhh...". Nach einer Weile wirkt Malte erschöpft. Er lässt den Stock fallen, geht zur Schaukel, und setzt sich hinein. Er bringt sie ein wenig zum Schwingen. „Ffffffffhhhhhh, fffhhhhh..." tönt er von der Schaukel, und sieht dabei zum Himmel hinauf. ...

a) Bilden Sie – möglichst nach Themeninteresse - fünf Gruppen zu den einzelnen Beispielen. Beantworten Sie folgende Fragen:

- Welche Spielform zeigt das Beispiel?
- Welche Erfahrungen machen die jeweiligen Kinder?
- Welche weiteren typischen Spiele dieser Spielform fallen Ihnen ein?
- Welche Fähigkeiten brauchen oder erwerben die Kinder in diesem Spiel?

Beispiel: Spielform:

Erfahrungen: ____

____

____

____

Fähigkeiten: ____

____

____

____

Andere typische Beispiele: ____

____

Das Wesentliche dieser Spielform: ____

____

b) Wie können Sie Ihren Mitstudierenden diese Spielform begreifbar machen? Finden Sie eine praktische Möglichkeit, das Wesentliche zu erklären.

Präsentieren Sie Ihre Gruppenergebnisse, indem Sie mit dem praktischen Teil beginnen.

5 Wer Kinder bei ihrem Spiel beobachtet, kann viel über sie erfahren: Über ihr Verhältnis zum eigenen Körper, zu anderen Spielenden, über Vorlieben und Abneigungen, über den Umgang mit Langeweile, darüber, welche Themen sie gerade interessieren und Vieles mehr.

Schaffen Sie sich an mindestens drei verschiedenen Tagen eine Situation, in der Sie ein Kind - jedes Mal das gleiche - über einen Zeitraum von 20-30 Minuten im Freispiel beobachten können.

a) Achten Sie besonders auf den Umgang des Kindes mit anderen, auf das soziale Spielverhalten. Nehmen Sie dafür den folgenden Beobachtungsbogen zur Hilfe.

U. Heimlich: **SPIELKOOPERATIONSSKALA**			Name, Vorname		Alter (J;M)	Beobachter(in)	
Kooperatives Ziel	**Ausprägungsgrad**						S
	1	2	3	4	5		
INITIATIVE	passive Kontaktaufnahme ☐	eigene Kontaktversuche gelingen ☐	Kontaktaufnahme nur kurz ☐	nimmt selbst Kontakt auf, Spielfluss aber noch störanfällig ☐	intensiver dauerhafter Kontakt ☐		
ZIELSETZUNG	nur egoistische Ziele ☐	verfolgt eigene Ziele; toleriert gemeinsame Ziele ☐	verzichtet ab und zu auf eigene Ziele ☐	verfolgt gemeinsame Ziele ☐	Identifikation mit gemeinsamer Zielsetzung ☐		
SOZIALE ORIENTIERUNG	Hilfe für andere wird abgelehnt ☐	verbale Hilfe auf Anfrage ☐	demonstriert Problemlösung, aber keine aktive Hilfe ☐	gibt Hilfestellung, achtet auf eigenen Vorteil ☐	aktive Hilfe mit Verzicht auf eigenen Vorteil ☐		
SELBSTKONZEPT	konform, keine eigenen Ideen ☐	passt sich an, keine eigenen Ideen ☐	macht Spielvorschläge, setzt sich aber nicht durch ☐	setzt eigene Ideen durch, lässt sich aber umstimmen ☐	setzt eigene Ideen durch, überzeugt andere ☐		
KOMPLEXITÄT	nur ein Partner ☐	nur ein Partner, andere werden einbezogen ☐	spielt in Kleingruppen, aber nur an einem Partner orientiert ☐	spielt in Gruppen und nimmt mehrere Kontakte auf ☐	spielt nur in Gruppen, unterhält mehrere intensive Kontakte ☐		
Bemerkungen:							

Nach: Ulrich Heimlich: Behinderte und nicht behinderte Kinder spielen gemeinsam. Klinkhardt, Bad Heilbrunn 1995

b) Werten Sie Ihre Beobachtungen aus. Was haben Sie erfahren? Stimmen Ihre Beobachtungen mit Ihrer sonstigen Einschätzung dieses Kindes überein? Haben Sie neue Erkenntnisse über das Kind gewonnen?

c) Welche anderen Beobachtungen konnten Sie machen?

- Welche Spielformen haben Sie bei dem Kind beobachtet?
- Welche Themen konnten Sie im Spiel des Kindes entdecken?
- Welche Vorlieben oder Stärken dieses Kindes werden für Sie in diesen Spielsituationen sichtbar?

Name des Kindes: Alter:

Spielformen:

Themen:

Vorlieben/Stärken:

d) Sprechen Sie mit einer Kollegin, die das Kind auch kennt, über Ihre Beobachtungen und Einschätzungen.

Jmpuls 2: Spielplätze bewerten und gestalten

Bd 2, LF 2
Kap. 1.1,
Kap. 2.2

Ein Spielplatz wird erforscht

1 Bilden Sie Paare von Mitstudierenden, die nah beieinander wohnen.

- Suchen Sie sich einen Spielplatz in Ihrer Nähe, den Sie genauer untersuchen werden.
- Fertigen Sie eine Skizze dieses Spielplatzes an (mind. DIN A3). Versuchen Sie maßstabsgetreu freie Flächen und Spielgeräte einzuzeichnen und berücksichtigen Sie die verschiedenen Bodenbeschaffenheiten (Rasen, Sand, Holzschnitzel, etc.). Beziehen Sie auch die unmittelbare Umgebung des Spielplatzes wie Straßen, Häuser, Gärten etc. in Ihre Zeichnung mit ein.

2 Untersuchen Sie die Nutzung dieses Spielplatzes. Beobachten Sie, wie viele Menschen sich dort in Ihrem Beobachtungszeitraum aufhalten und was sie tun. Jeder von Ihnen erstellt dazu drei Beobachtungsprotokolle (siehe Vorlage S. 16). Der Beobachtungszeitraum soll jeweils 20 Minuten betragen.

3 Beantworten Sie aufgrund Ihrer Beobachtungen folgende Fragen zur Spielplatznutzung:

a) Zu welchen **Bewegungsarten** regt der Spielplatz an? Welche Bewegungsqualitäten kommen im Spiel der Kinder vor?

b) Welche **Spielformen** haben Sie beobachtet?

c) Welche **Bedürfnisse** der Kinder und welche der Erwachsenen wurden durch diesen Spielplatz erfüllt? Was hat den Kindern oder den Erwachsenen Ihrer Meinung nach hier gefehlt?

d) Für welche **Zielgruppe** ist der Spielplatz geeignet? Welche Kinder schließt er möglicherweise aus und warum?

Finden Sie zwei weitere Fragen zur Bewertung des Spielplatzes und beantworten Sie sie.

e) ______________________________

____

f) ______________________________

____

4 Vergleichen Sie Ihre Beobachtungen.

- Welche gemeinsamen, welche unterschiedlichen Beobachtungen haben Sie gemacht?
- Vergleichen Sie ebenfalls Ihre Antworten zu Frage 3.
- Wenn Sie dem Spielplatz eine Zensur geben müssten, welche würde er von Ihnen bekommen? Einigen Sie sich und begründen Sie Ihre Entscheidung.

5 Welche Kriterien müsste ein guter Spielplatz für Sie erfüllen?
Nennen Sie zehn Punkte, die Ihnen wichtig sind.

1. ______________________________
2. ______________________________
3. ______________________________
4. ______________________________
5. ______________________________
6. ______________________________
7. ______________________________
8. ______________________________
9. ______________________________
10. ______________________________

6 **Spielplatz-Modelle**

a) Jeweils zwei oder drei Paare arbeiten nun zusammen. Stellen Sie sich zunächst die Ergebnisse Ihrer Spielplatzbeobachtungen vor. Jeder in der Gruppe nennt die Kriterien, die er für einen guten Spielplatz gefunden hat. Welche Kriterien sind allen Gruppenmitgliedern wichtig?

b) Erstellen Sie nun gemeinsam ein Modell für einen guten Spielplatz, entweder als Zeichnung oder besser als dreidimensionales Modell. Dafür sind Styroporplatten (aus dem Baumarkt) als Unterlage gut geeignet. Zum Modellieren einer Landschaft eignet sich Maschendraht (Kaninchendraht), den man dann mit Pappmaché, Stoffen, Moos o.ä. bedecken kann. Weiteres Material sind Schachteln, Zahnstocher, Spieße, Pfeifenputzer...

c) Präsentieren Sie in der Klasse alle entstandenen Modelle. Geben Sie jedem Spielplatz einen Titel und finden Sie für jedes der gezeigten Modelle mindestens zwei Elemente, die Sie besonders gelungen finden.

Modell 1 Titel: ______________________

Was wir daran besonders gut finden: ______________________

Modell 2 Titel: ______________________

Was wir daran besonders gut finden: ______________________

Modell 3 Titel: ______________________

Was wir daran besonders gut finden: ______________________

Modell 4 Titel: ______________________

Was wir daran besonders gut finden: ______________________

7 Richtig oder anders?

Eine Kindergartengruppe kommt geschlossen mit zwei Erzieherinnen zu einem kleinen, städtischen Spielplatz. Die üblichen Spielgeräte wie Rutsche, Schaukel, Sand und eine Wippe stehen für das Spiel der Kinder bereit. Die ersten Kinder stürmen zur Rutsche, klettern hinauf und rutschen hinunter. Da ertönt der Ruf einer Erzieherin: „Nein, Jonas, nicht so. Ihr sollt richtig rutschen."

- Was hat Jonas getan?
- Was meint die Erzieherin, wenn sie sagt „richtig rutschen"?
- Warum ist es ihr wichtig?

a) Finden Sie drei Gründe, die diese Erzieherin für ihre Aufforderung nennen könnte.

1. ______________________________

____

2. ______________________________

____

3. ______________________________

____

Finden Sie drei Argumente, die dafür sprechen, Spielgeräte anders als beabsichtigt (intendiert) zu nutzen.

1. ______________________________

____

2. ______________________________

____

3. ______________________________

____

b) Sammeln Sie in der Klasse die gefundenen Argumente. Vertreten Sie Ihre persönliche Meinung, indem Sie die Stichhaltigkeit der einzelnen Aspekte überprüfen und darlegen, welches Argument Ihnen besonders wichtig ist.

c) Gehen Sie noch einmal auf „Ihren" Spielplatz und betrachten Sie die dort vorhandenen Spielgeräte. Für welche Tätigkeit ist das jeweilige Gerät gedacht? Und was könnte man noch alles damit tun? Probieren Sie für vier Spielgeräte mindestens zwei „nicht intendierte" Nutzungsarten und dokumentieren Sie sie.

Spielgerät	Intendierte Nutzung(en)	1. Variante	2. Variante
Rutsche	auf dem Po sitzend herunterrutschen	von unten hinauflaufen	

d) Gehen Sie mit zwei weiteren Mitstudierenden auf den Spielplatz und bringen Sie sich gegenseitig die neu gefundenen Spielformen für die Spielplatzgeräte bei.

e) Sie können auch mit der ganzen Klasse eine „Wir-stellen-den-Spielplatz-auf-den-Kopf-Rallye" veranstalten.

Protokollbogen zur Beobachtung eines Spielplatzes

Spielplatz ______________________ beobachtet am ________ von ________ bis ________

Anzahl der Kinder	Alter der Kinder	Genutzte Spielgeräte	Sonstige Spiele	Anzahl der Erwachsenen	Tätigkeiten der Erwachsenen

Sonstiges/Besonderes in dieser Zeit (z. B. Unfälle, Streit, Kooperation, etc.)

____

____

Spielplatz ______________________ beobachtet am ________ von ________ bis ________

Anzahl der Kinder	Alter der Kinder	Genutzte Spielgeräte	Sonstige Spiele	Anzahl der Erwachsenen	Tätigkeiten der Erwachsenen

Sonstiges/Besonderes in dieser Zeit (z. B. Unfälle, Streit, Kooperation, etc.)

____

____

Spielplatz ______________________ beobachtet am ________ von ________ bis ________

Anzahl der Kinder	Alter der Kinder	Genutzte Spielgeräte	Sonstige Spiele	Anzahl der Erwachsenen	Tätigkeiten der Erwachsenen

Sonstiges/Besonderes in dieser Zeit (z. B. Unfälle, Streit, Kooperation, etc.)

____

____

Jmpuls 3: Spieleinheiten planen und anleiten

Spielhemmende und spielfördernde Faktoren

Um andere Menschen ins Spiel zu bringen, sie für Spiele zu begeistern und gut anleiten zu können, ist es hilfreich, die eigenen Spielerfahrungen zu reflektieren.

Welche Spiele haben Sie in unterschiedlichen Lebensphasen gerne gespielt, welche mochten Sie gar nicht? Was war es, was Ihnen an einem Spiel gefallen oder Ihnen ein anderes Spiel verleidet hat?

1 Tragen Sie in die folgende Tabelle Ihre „Lieblingsspiele“ und Ihre „ungeliebten Spiele“ ein und benennen Sie, warum Ihnen das jeweilige Spiel gefallen bzw. nicht gefallen hat.

	Lieblingsspiele	weil...	ungeliebte Spiele	weil...
als Kind				
als Jugendlicher				
heute				

2 Finden Sie einen Partner, der im Klassenraum in der Regel sehr weit von Ihnen entfernt sitzt.

- Vergleichen Sie Ihre Tabellen.
- Gibt es Spiele, die Sie beide gerne bzw. ungern spielen?
- Sind dafür die gleichen Gründe ausschlaggebend?
- Finden Sie ein Spiel, das einer von Ihnen gerne, der andere gar nicht mag?
- Kennzeichnen Sie in Ihren Tabellen die Gründe, die bei Ihnen beiden vorkommen, indem Sie die Felder farbig markieren.

3 Versuchen Sie, aus diesen auf die einzelnen Spiele bezogenen Aspekten allgemeine Sätze für Ihr eigenes Spielverhalten zu formulieren:

Ich spiele gerne, wenn	**Ich spiele nicht gerne, wenn**
z. B. – ich mich in einer Gruppe wohl fühle	z. B. – ich weiß, dass ich verlieren werde

4 Jeweils zwei Paare bilden eine Gruppe.
Vergleichen Sie die gefundenen Sätze. Kennzeichnen Sie die Aspekte, die mehrfach vorkommen.
Sammeln Sie nun in der Gruppe spielfördernde und spielhemmende Faktoren.

gute Atmosphäre in der Gruppe	Angst, zu verlieren

5 Die Gruppen schreiben die spielfördernden und spielhemmenden Faktoren auf Moderationskarten. Möglichst sollte die ganze Gruppe dieselben Farben benutzen.
Eine Gruppe beginnt mit der Präsentation ihrer Ergebnisse, die anderen ergänzen.

Betrachten Sie im Plenum das Gesamtergebnis.

6 Jede Gruppe wählt eine der folgenden Zielgruppen und überprüft, ob die genannten Faktoren auch für diese Gruppe zutreffen bzw. welche spielfördernden oder spielhemmenden Faktoren möglicherweise ergänzt werden müssen.

Mögliche Zielgruppen: Vorschulkinder/Schulkinder/reine Jungengruppe/reine Mädchengruppe/ Erwachsene bei einem Elternabend / Kinder aus verschiedenen Ländern und Kulturen/Menschen mit körperlicher und/oder geistiger Behinderung / alte Menschen /...

Zielgruppe

7 Finden Sie ein Spiel, das Ihnen persönlich gefällt, von dem Sie aber glauben, dass es der Großteil Ihrer Lerngruppe nicht kennt. Beschreiben Sie dieses Spiel so, wie es Ihrer Meinung nach in einem guten Spielebuch stehen könnte. Nutzen Sie eine halbe DIN A4 Seite. Sie können auch Symbole oder Zeichnungen verwenden.

a) Tauschen Sie Ihre Spielbeschreibung möglichst mit einem Partner, der Ihr Spiel nicht kennt, aus und geben Sie sich gegenseitig ein Feedback. Folgende Fragen können Ihnen dabei helfen.
- Sind die Regeln und der Verlauf des Spiels verständlich dargestellt?
- Haben Sie alle wichtigen Informationen erhalten?
- Welche Fragen sind offen geblieben bzw. was sollte aus Ihrer Sicht ergänzt werden?
- Haben Sie Lust bekommen, das Spiel zu spielen?
- Würden Sie diese Spielbeschreibung einem Verlag empfehlen?

Methodenhinweis

Wenn Sie sich in der Klasse auf eine in etwa einheitliche Form und Darstellungsweise Ihrer Spielbeschreibungen einigen, können Sie auf diese Weise eine Spielkartei anlegen. Diese kann im Verlauf der Ausbildung fortlaufend ergänzt werden. So haben Sie alle einen wachsenden Fundus an Spielideen.

b) Stöbern Sie in der Bibliothek oder in pädagogischen Einrichtungen nach Spielbüchern. Versuchen Sie eines zu finden, das Ihnen gefällt. Stellen Sie sich diese Bücher gegenseitig vor und begründen Sie Ihre Wahl.

8 Wie beurteilen Sie den Einsatz von Wettspielen in der Arbeit mit Kindern und Jugendlichen? Finden Sie Argumente dafür und Argumente dagegen.

PRO	CONTRA

9 Bilden Sie Gruppen mit 4-5 Teilnehmern.

- Erzählen Sie sich von Ihren Erfahrungen mit Wett- und Konkurrenzspielen. Welche Gefühle haben Sie bei dem jeweiligen Spiel erlebt? Was war für Sie positiv, was negativ?
- Wählen Sie ein Wettkampfspiel aus und verändern Sie dieses Spiel so, dass es ein Spiel ohne Sieger wird. Überprüfen Sie, ob es für Sie in der veränderten Form Spaß und Spannung beinhaltet. Wenn nicht, müssen Sie noch mehr verändern. Geben Sie Ihrem Spiel einen Namen.
- Jede Gruppe leitet das von ihr entwickelte Spiel nun mit einem Teil oder der gesamten Klasse an. Die Spielenden geben ein Feedback:
  1. zum Spiel: Was hat Ihnen am Spiel gefallen hat und was würden Sie (weiter) verändern?
  2. zur Spielanleitung: Was war gelungen und was könnten die Spielleiter besser machen?

Spielleitungsqualitäten

10 Wie schätzen Sie Ihre persönlichen Spielleitungsqualitäten ein?
Erstellen Sie eine Liste Ihrer persönlichen Fähigkeiten (mind. 10). Berücksichtigen Sie die Bereiche Planung, Durchführung und Reflexion.

11 Wählen Sie einen Partner, dem Sie Ihre Liste vorstellen. Welche Fähigkeiten Ihres Partners hätten Sie auch gerne?

Meine Qualitäten als Spielleiter/
als Spielleiterin

Was ich von ____________ lernen kann:

Jmpuls 4: Bewegung, Tanz, Theater und Musik einsetzen

„Jede Bewegung kann Tanz sein.
Jeder Laut Musik.
Jedes Experiment ein Erlebnis."
Quelle unbekannt

2, LF 4
. 2.3

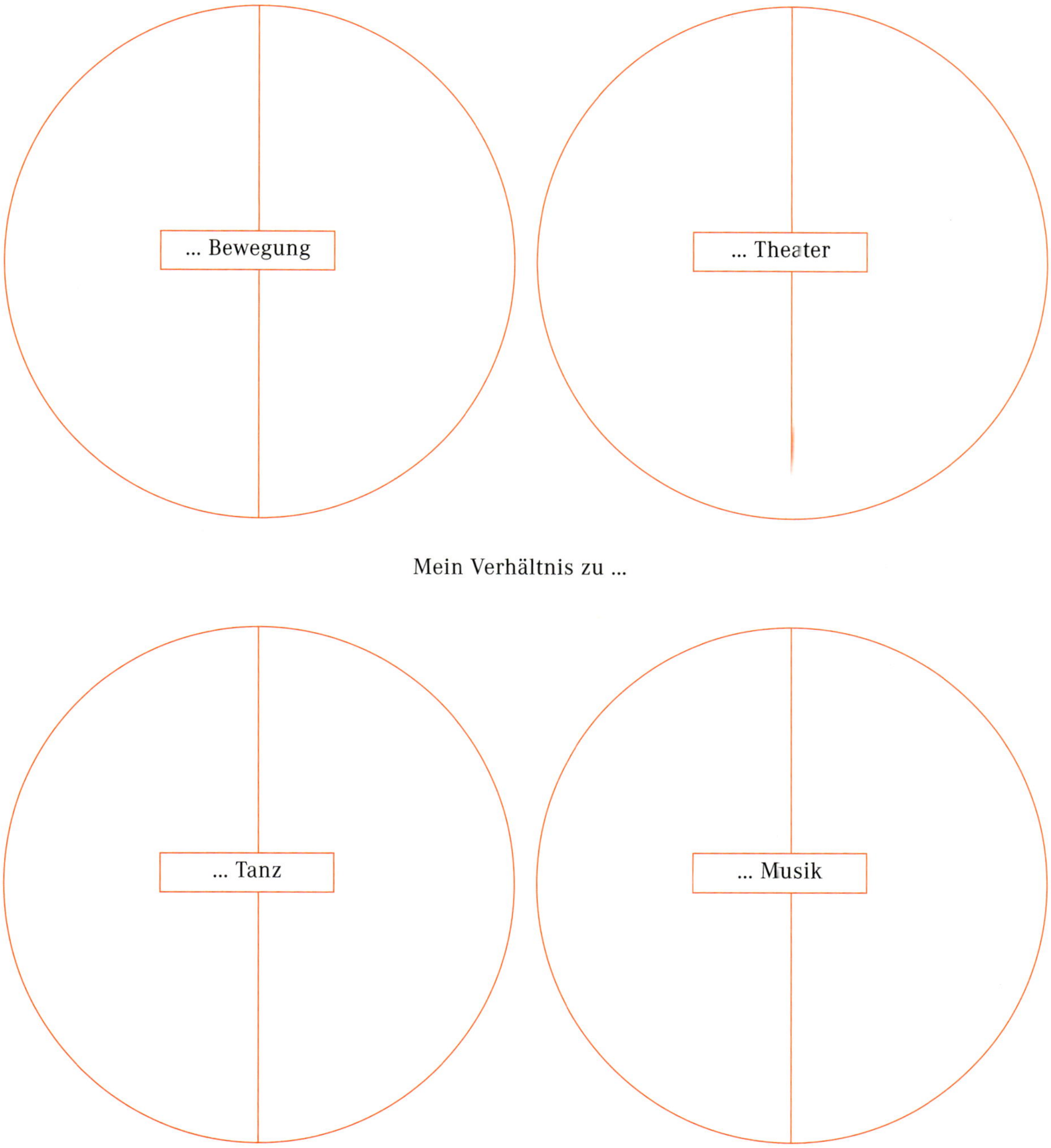

1 Wie ist Ihr persönliches Verhältnis zu Bewegung, Tanz, Theater und Musik? Mit welchem der vier Themenbereiche wollen Sie sich jetzt beschäftigen? Sie können alle vier bearbeiten, aber auch einzelne Themen auswählen.
Tragen Sie in eine Hälfte des Kreises positive Erfahrungen und Gefühle, in die andere eher negative Aspekte ein.

2 Reflektieren Sie, welche Bedeutung Ihr persönliches Verhältnis zu den beschriebenen Ausdrucksformen für Ihre pädagogische Arbeit hat.
Beantworten Sie sich folgende Fragen.

Bewegung

a) Welche Bewegungsarten mögen Sie persönlich, welche gar nicht?

☺	☹

b) Was brauchen Sie, um entspannen zu können? Finden Sie Entspannung eher in Ruhepositionen oder in Bewegung?
c) Welche Gefühle haben Sie, wenn Kinder herumtoben? Toben Sie selber gerne mit Kindern?

Tanz

d) Tanzen Sie gerne?

Ja, ich tanze gerne, weil:

Nein, ich tanze nicht gerne, weil:

d) Welche Tanzrichtung bevorzugen Sie?
e) In welcher Lebensphase war Tanzen für Sie wichtig?
f) Welche Tanzformen für Kinder kennen Sie? Wie schätzen Sie sie ein?
g) Wie verstehen Sie den Satz „Jede Bewegung kann Tanz sein.“?

Theater

h) Haben Sie als Kind/als Jugendliche Theater gespielt? An welche Rollen können Sie sich erinnern? Waren das Wunsch- oder „Muss“-Rollen?

Wunsch-Rollen:	„Muss“-Rollen:

i) Welche Rolle würden Sie gerne (vielleicht auch nur in Ihrer Phantasie) einmal spielen?
j) Was bedeutet es für Sie, „vor Publikum“ zu stehen?
k) Kennen Sie Lampenfieber?
l) Haben Sie Lust, mit Kindern Theater zu spielen?

Musik

m) Welche Rolle spielt Musik für Sie?

Musik ist für mich wichtig, weil: ______________________________

____

Musik spielt in meinem Leben keine große Rolle, weil: ______________________________

____

n) Welchen Musikstil bevorzugen Sie?
o) Haben Sie als Kind bzw. als Jugendliche ein Instrument gelernt? Wenn ja, spielen Sie es heute noch?
p) Singen Sie gerne? Haben Sie als Kind gesungen? An welche Kinderlieder aus Ihrer Kindheit können Sie sich erinnern?
q) Wie verstehen Sie den Satz „Jeder Laut kann Musik sein.“?

3 Finden Sie eine Partnerin, mit der Sie noch nie in der Praxis zusammengearbeitet haben. Schätzen Sie sich gegenseitig ein, indem Sie auf die Fragen Ihre vermutete Antwort für Ihr Gegenüber geben. Erst nachdem Sie sich gegenseitig Ihre Einschätzungen und Spekulationen über einander mitgeteilt haben, erzählen Sie sich, wie es wirklich ist.

- Du bewegst dich bestimmt gerne/nicht gerne. Ich schätze, du treibst viel/wenig Sport...
- Ich denke, du tanzt gerne/nicht gerne. Ballett würde zu dir passen. ...
- Ich kann mir vorstellen, dass du gerne/nicht gerne Theater spielst. Deine Traumrolle ist bestimmt...
- Ich glaube, du hörst viel Musik – vielleicht HipHop, oder eher Klassik? Als Instrument würde eine Geige zu dir passen...
-

4 Verschiedene Musikstücke lösen verschiedene Stimmungen, Assoziationen und Bewegungen aus. Finden Sie ein Musikstück,

1. das zu eckigen Bewegungen anregt. ______________________________
2. das für Sie traurig klingt. ______________________________
3. zu dem Ihnen Monster oder andere skurrile Figuren einfallen. ______________________________
4. das für Sie zum Frühling passt. ______________________________

a) Spielen Sie einer Partnerin diese Musik vor – zu jedem Musikstück erhält sie jeweils eine Aufgabe.

Zu 1 – Schreiben Sie alle Assoziationen auf, die Ihre Partnerin zu der Musik hat.
Zu 2 – Ihre Partnerin soll beim Hören der Musik ein Bild malen.
Zu 3 – Ihre Partnerin soll sich zu der Musik eine Geschichte ausdenken.
Zu 4 – Schreiben Sie alle Gefühle auf, die Ihre Partnerin beim Hören hat.

b) Tauschen Sie sich darüber aus, wie Sie beide die einzelnen Musikstücke jeweils empfunden haben? Wo sind Übereinstimmungen, wo Unterschiede?
c) Finden Sie zusammen ein Musikstück, das möglichst unterschiedliche Stimmungen enthält.
d) Jeweils zwei Paare finden sich zu einer Gruppe. Hören Sie sich beide Musikstücke (siehe Aufgabe c) gemeinsam an und wählen Sie eines für die folgende Gruppenarbeit.
Erfinden Sie alle gemeinsam eine Geschichte zu der Musik.
e) Setzen Sie diese Geschichte szenisch um.
f) Zwei Gruppen kommen zu einer Gruppe zusammen. Eine Gruppe spielt ihre Geschichte - ohne Musik - der anderen Gruppe vor. Die zuschauende Gruppe soll diese Geschichte mit unterschiedlichen Instrumenten /Gegenständen begleiten bzw. vertonen.
g) Vergleichen Sie anschließend das Musikstück und die neu entstandene musikalische Gestaltung.

5 Bewegung, Tanz, Theater oder Musik in der pädagogischen Arbeit einsetzen

a) Schreiben Sie die Themen Bewegung, Tanz, Theater und Musik jeweils auf eine Karteikarte und legen Sie diese vier Karten im Raum aus. Jeder geht nun zu dem Thema, das ihn besonders interessiert bzw. zu dem er gerne konzeptionell arbeiten möchte. Zu jeder Gruppe sollten mindestens drei, höchstens fünf Studierende gehören.

b) Erarbeiten Sie in den Gruppen eine Spieleinheit für die pädagogische Praxis, die ca. 20 - 30 Minuten dauern wird. Dabei entscheidet jede Gruppe für sich, für welche Altersgruppe sie ihr Angebot konzipieren möchte.

- **Bewegung**: Entwerfen Sie ein Konzept für eine Bewegungsgeschichte unter dem Titel „Abenteuer im Dschungel". Achten Sie darauf, die in Kapitel 2.2, Info 1 dargestellten Bewegungsqualitäten vorkommen zu lassen.

- **Tanz**: Lesen Sie Kapitel 2.3, Info 1 und wählen Sie sich einen Schwerpunkt aus den Themenbereichen 1. Körperteile, 2. Raumrichtung oder 3. Bewegungsqualität. Entwickeln Sie zu dem gewählten Thema eine Tanzgeschichte, suchen Sie passende Musik dazu und geben Sie Ihrer Einheit einen bildhaften Titel.

- **Theater**: Sammeln Sie gegensätzliche (Charakter-) Eigenschaften wie wild - sanft, wütend - ängstlich, etc. Erfinden Sie eine Mitspielgeschichte, in der möglichst verschiedene Eigenschaften und Gefühle vorkommen und von den Teilnehmenden „durchgespielt" werden. Geben Sie Ihrer Geschichte einen Titel.

- **Musik**: Suchen Sie ein Bilderbuch oder ein Märchen aus, zu dem Sie eine Klanggeschichte gestalten werden. In der Geschichte sollten mindestens fünf verschiedene Rollen vorkommen. Das können Personen sein, aber ebenso gut beschriebene Gefühle (z.B. Angst) oder Ereignisse (z. B. ein Gewitter). Entscheiden Sie sich, a) ob Sie mit Instrumenten und / oder Gegenständen arbeiten wollen und b) ob alle Rollen jeweils einem Instrument zugeordnet werden, oder ob alle Teilnehmer alles spielen.

c) Die Gruppen führen Ihre Spieleinheit mit der ganzen oder einem Teil der Lerngruppe durch. Die Mitspieler geben hinterher ein Feedback. Achten Sie darauf, dass das Feedback mit den positiven Eindrücken beginnt: Was hat den Spielenden gut gefallen? Was war spannend, herausfordernd, lustig, schön... etc. Erst dann formulieren Sie, was die anleitende Gruppe aus Ihrer Sicht anders hätte machen können.

Jmpuls 5: Medienwerkstatt für Kinder

Zu Hause und sogar schon im Kindergarten kann man Kindern spielerisch den richtigen und kreativen Umgang mit dem Computer näher bringen. Statt „Killer-Spielen“ und illegalen Downloads kann man am Computer beispielsweise Trickfilme basteln, Karikaturen erstellen, Stimmen verzerren, Grußkarten und Internetseiten gestalten. Aufgrund der Vielzahl der Programme und der umfangreichen Möglichkeiten werden hier nur einige Programme kurz vorgestellt und Internetseiten mit Anleitungen und weiteren Ideen genannt. Einige der Programme, so auch „Audacity“, gibt es sowohl für Betriebssysteme aus dem Hause Microsoft als auch für Linux oder Mac OSX.

Für die meisten der hier vorgestellten Projekte reicht ein älterer PC. Lediglich Windows 98 oder neuer, einen „USB-Anschluss“ und ein Mikrofon- sowie Lautsprecheranschluss sind Voraussetzungen, um ein Mikrofon und eine Kamera anzuschließen. Arbeitet man mit mehreren Kindern, ist ein Standmikrofon praktischer als ein Headset.

Methodenhinweis

Hörspiele

Für Hörspiele eignet sich hervorragend die deutsche Version von „Audacity“ (Audacity Aufnameprogramm http://audacity.sf.net). Audacity ist nach einiger Übung sehr einfach zu bedienen. Auf zahlreichen Internetseiten gibt es Geräusche (Kostenlose Geräusche und Musikstücke http://www.hoerspielbox.de/) und Musik (http://www.hoerspielbox.de/ oder kostenlose Musikstücke, Hinweise bei „Music Licenses“ beachten: http://www.incompetech.com/m/c/royalty-free/piano.html; Vertonung-CDs: http://www.astromuvig.de/vertonungscds.htm und http://www.pearl.de/p/PK2789-1-111-Geraeusche.html; Tondateien-Shop: http://www.tonarchiv.de/, wobei jedoch zu beachten ist, dass bei der Vervielfältigung nur freie Musik und Geräusche oder eigene Produktionen aufgenommen werden dürfen.

In Audacity lassen sich mehrere Tonspuren übereinander anlegen, um so Sprecher, Geräusche und Musik zu mischen. Außerdem können viele Effekte und Filter benutzt werden, um Rauschen und Knacken heraus zu filtern und Stimmen zu verändern. Versprecher lassen sich herausschneiden, und im Gegensatz zu einem Kassettenrecorder kann man auch Stimmen einzeln aufnehmen, so dass nicht mehrere Kinder um ein einzelnes Mikrofon herum sitzen müssen.
Nachdem das Projekt fertig ist, kann man die einzelnen Kapitel als „WAV“-Datei exportieren, und mit gängigen Programmen oder der Windows Mediaplayer-Brennfunktion auf CD Brennen, oder via Klinke-auf-Klinke-Kabel auf Kassette überspielen.

In Audacity kann man Tonspuren einfach zusammendrücken oder auseinander ziehen, um so intuitiv die Lautstärke einzelner Sprecher anpassen zu können.

1 Bilden Sie Gruppen von etwa vier Personen. Verabreden Sie ein Thema, das Sie in Ihrer Hörspielproduktion bearbeiten wollen, beispielsweise „Belohnen“.

Starten Sie Audacity. Klicken Sie zunächst auf das Menü „Bearbeiten“ → „Einstellungen“. Hier müssen Sie bei der Lasche „Qualität“ die Standard Samplingfrequenz auf 44100 Hz stellen und 16 Bit Sampleformat. Dies hat den Vorteil, dass Ihre Dateien automatisch mit den gängigen Video- oder Brennprogrammen kompatibel sind und reicht bei einem normalen Computer-Mikrofon vollkommen aus.

a) Erfinden Sie eine Handlung zum Thema und schreiben hierzu einen Dialog. Es ist sinnvoll, wenn das Hörspiel nicht länger als drei Minuten dauert. Nehmen Sie einen Sprecher nach dem anderen auf, und verschieben Sie danach mit dem schwarzen Doppelpfeilsymbol links oben die einzelnen Abschnitte an die passenden Stellen. Sie können diese auch in eine andere Tonspur ziehen, um die Übersicht zu wahren.

b) Überlegen Sie sich, welche Geräusche zur Geschichte beitragen könnten. Wenn Sie einen Kassettenrecorder oder ein Diktiergerät besitzen, können Sie dieses über ein „Klinke-auf-Klinke" Kabel anstelle des Mikrofons anschließen.

Das Aufnehmen einzelner Abschnitte hat den Vorteil, dass man bei Versprechern einfach einen Teil löschen und neu besprechen kann. Auch können Sie durch das Hüllkurvenwerkzeug Knacksen oder unterschiedlich laute Sprecher leiser machen oder ausblenden. Auch ohne einen Rekorder lassen sich Geräusche leicht selbst produzieren. Ein Herzschlag lässt sich wunderbar mit einem Ledertuch, das ruckartig auseinander gezogen wird, aufnehmen. Versuchen Sie mit anderen Alltagsdingen Geräusche aufzunehmen. Sehr gut eignen sich hierzu Besteck, eine Schüssel mit Wasser und verschiedene Gegenstände, die auf dem Tisch beispielsweise dumpf, scheppernd oder hohl klingen.

2 Spielen Sie sich Ihre Hörspiele vor. Erläutern Sie die Machart. Überlegen Sie gemeinsam:

- Passt die Musik zum Text?
- Welche Stimmung vermitteln Musik und Geräusche?
- Wird der Inhalt des Textes von Musik und Geräuschen überlagert oder verstärkt?

Methodenhinweis

Trickfilme

Mit einer Webcam oder einer vorhandenen Videokamera (den richtigen Anschluss am Computer vorausgesetzt) lassen sich neben richtigen Filmen auch Trickfilme erstellen. In den Einstellungen muss man lediglich die automatische Helligkeit- und Schärfeeinstellung deaktivieren, da der Film ansonsten zu flackern scheint.

Einige Kameras werden mit Trickfilmprogrammen geliefert, ansonsten gibt es beispielsweise MonkeyJam (Trickfilmprogramm MonkeyJam, http://GiantScreamingRobotMonkeys.com, deutsche Hilfe und Übersetzung: http://www.NotToxic.com) von David Perry, das nicht nur Bilder aufnehmen kann, sondern auch einfache Schneide- und Tonfunktionen besitzt.

Der einfachste Trickfilm ist der „Legetrickfilm". Dazu wird die Kamera beispielsweise an einem Regal oder einer Kiste befestigt, so dass diese auf einem Tisch filmen kann. Danach kann man beispielsweise farbiges Tonpapier dort befestigen, um ausgeschnittene Figuren zu filmen. Die Figuren werden immer ein klein wenig bewegt, danach wird ein Bild aufgenommen. Die Prozedur wiederholt sich. Je nachdem wie flüssig die Animation ablaufen soll, benötigt man etwa 5 bis 24 Aufnahmen für eine einzige Sekunde Film. Jedes Kind kann eine Figur bewegen, so dass es relativ schnell geht. Bilder, auf denen versehentlich noch eine Hand zu sehen ist, kann man einfach löschen, oder mit einem Bildbearbeitungsprogramm nachbearbeiten. Auch Gegenstände lassen sich animieren.

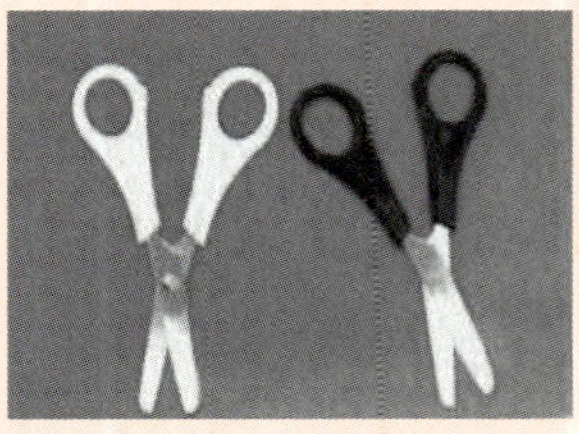

Neben Legetrickfilmen sind besonders Knetfiguren, Lego und selbst Kinder mögliche Akteure.

Mit Knetmasse lassen sich einfache, aber auch sehr aufwändige Trickfilme gestalten.

Größere Projekte lassen sich hervorragend mit Materialien aus dem Baumarkt realisieren. Styroporplatten, eine Heißklebepistole und ein Baustrahler bieten mehr Raum als ein Tisch.

In Verbindung mit den oben genannten Ton- und Videoprogrammen lässt sich der Film dann sehr einfach vertonen und beispielsweise mit Texteinblendungen erweitern.

3 Bilden Sie Gruppen aus drei Personen. Nehmen Sie Lego- oder Playmobilfiguren und spielen Sie eine kurze Sequenz, die etwa 30 bis 60 Sekunden dauern sollte (beispielsweise „Begrüßung auf der Straße").

Denken Sie daran, dass ein Trickfilm zeitlich mehr Arbeit benötigt als ein Realfilm. Teilen Sie die Geschichte in Szenen auf, dies erleichtert zum einen das Filmen, zum anderen kann man zwischen den Szenen problemlos Pause machen, um beispielsweise am nächsten Tag fortzufahren. Sie können später das Bild mit Musik unterlegen oder einen kurzen Dialog hinzufügen. Planen Sie schon im Vorfeld die Dauer und die gesprochenen Dialoge. Später darf eine Szene nicht zu schnell vorbei sein, sonst bekommt der Zuschauer den Inhalt nicht mit. Halten Sie sich beim späteren Filmen an die Zeitvorgabe und erweitern Sie die Ablaufzeit zur Not mit Standbildern.

a) Bauen Sie die Kamera wie im Text beschrieben auf. Die Kamera muss fest montiert sein, denn schon leichte Bewegungen nimmt man später im Film wahr. Versuchen Sie, 10 Bilder pro Sekunde zu produzieren. Bewegen Sie Ihre Figuren Stück für Stück und machen Sie dann ein Bild (mit Kindern sind 5 bis 7 Bilder realistischer). Je mehr Bilder Sie machen, desto flüssiger läuft der Film später ab. Zudem fällt es weniger auf, wenn man ein Bild herausnehmen musste.

Eine Arbeitsaufteilung unter den Beteiligten ist sinnvoll: Während eine Person ausschließlich die Bilder aufnimmt und gegebenenfalls löscht oder verschiebt, bewegen die anderen jeweils eine Figur. So stellt man sicher, dass kein Schritt vergessen wird. Wenn nur eine Person die Figuren bewegt, hilft es, auf einem Zettel die Figuren durchzunummerieren und eine Strichliste zu führen, sodass man keine Bewegungssequenz vergisst.

Sobald die einzelnen Szenen gespeichert sind, können Sie diese in einem Videoschnittprogramm wie oben genannt einfügen und schneiden. In Audacity können Sie Sprache und Geräusche mit derselben Dauer wie in der Szene zusammenrücken und als WAV exportieren. Im Schnittprogramm können Sie diese Audiodatei schließlich so schieben, dass sie synchron zum Film ist. Wenn Sie zufrieden mit dem Ergebnis sind, können Sie über die Brennfunktion der Schnittprogramme oder (falls vorhanden) über den TV-Ausgang Ihres Computers den Film auf Videokassette überspielen bzw. brennen. Weitere Anregungen und detaillierte Medienprojekte für Kinder finden Sie auf der Seite www.notToxic.com. Zudem können Sie Videoprojekte auf Plattformen wie MyVideo, Google oder Youtube veröffentlichen. (http://myvideo.de, http://youtube.de, http://video.google.de).

4 Benennen Sie die Fertigkeiten, die Sie beim Erstellen des Films geschult haben.

Überlegen Sie darauf aufbauend, welche Rahmenbedingungen Sie benötigen, um mit Sechsjährigen einen Trickfilm zu erstellen.

5 Sammeln Sie an der Tafel die benannten Fertigkeiten. Diskutieren Sie, ob dieses Medium für den Einsatz im Kindergarten geeignet ist.

a) Präsentieren Sie Ihre Arbeiten. Am besten, indem Sie die Filme mittels Beamer für alle gut sichtbar projizieren. Üben Sie Kritik an den Filmen, betonen Sie aber zunächst das Positive.

b) Laden Sie eine andere Klasse zu einer eigenen Präsentation ein. Probieren Sie die Technik der Präsentation in einem Probelauf aus, damit später auch alles klappt.

(Die praktischen Hinweise in diesem Impuls basieren auf Ausführungen von Marcus Shaw.)

Jmpuls 6: Mit unerwarteten Handlungs- und Gestaltungsspielräumen umgehen

Was könnte ich tun?

Laura hat ihren Praxiseinsatz in einer relativ großen Einrichtung, die erst seit kurzer Zeit nach dem offenen Konzept arbeitet. Die Stammgruppen sind dort aufgelöst und die Zimmer in Funktionsräume umgewandelt worden. Alle im Team haben sich in einen eigenen Funktionsbereich eingearbeitet. Laura klinkt sich natürlich sofort in den Kreativbereich ein. An den Tagesablauf muss sie sich allerdings erst gewöhnen: Die Eltern bringen ihre Kinder am Morgen zum Kindergarten, wo sie immer von einer Kollegin in Empfang genommen werden. Die macht in ihrer Liste eine Notiz. Die Kinder gehen dann in den Bereich, in den sie wollen. Um 10 Uhr versammeln sich alle in einem Plenum, in dem unterschiedliche Angebote vorgestellt werden, von denen sich die Kinder dann eines aussuchen müssen. Nicht selten steht die Gruppe für ein Angebot aber auch schon fest. Die Angebote dauern in der Regel bis gegen 12 Uhr. Dann kommen die ersten Eltern, um ihre Kinder wieder abzuholen. Einige Kinder bekommen ein Mittagessen und bleiben dann bis um 16 Uhr in der Einrichtung.

Laura ist immer spätestens um 7.30 Uhr in der Einrichtung, weil da die ersten Kinder gebracht werden. Sie hält sich dann regelmäßig für eine Weile im Eingangsbereich auf, um der jeweiligen Kollegin zu helfen.

Heute schaut sie im Außenbereich vorbei. Dort sieht sie einen Jungen lustlos im Sand sitzen, mit dem sie in den letzten Tagen oft im Kreativbereich Bilder gemalt hat. Als er sie bemerkt, fragt er mit großen Augen: „Laura, wo bleibst du denn? Ich weiß gar nicht, was ich machen soll.“ Laura ist um eine Idee nicht verlegen, nimmt den Jungen gleich bei der Hand und geht mit ihm an den Maltisch.

Später, beim Austausch mit den Kolleginnen, kommen ihr Zweifel, ob sie richtig gehandelt hat. Vielleicht hatte sie ihm doch zu schnell eine Beschäftigung angeboten...

1 Wie hätten Sie sich als Erzieher/Erzieherin in dieser Situation gefühlt?

a) Notieren Sie Ihre vermuteten Befindlichkeiten.

b) Tauschen Sie sich zunächst in ihrer Gruppe aus und überlegen Sie dann gemeinsam alternative Handlungsweisen. Erstellen Sie eine Liste: Welche unterschiedlichen Reaktionsmöglichkeiten sehen Sie?

Hinweis

Bei Langeweile ist es nicht unbedingt die beste Lösung, sofort eine (beliebige) Beschäftigung anzubieten. Günstiger kann es sein, über neue Impulse eigene Ideen anzuregen, die das Kind dann in die Tat umsetzen kann.

2 Analysieren Sie die Situation.
Denken Sie an die vier Seiten einer Nachricht (Transaktionsanalyse von F. Schulz von Thun).

a) Was könnte der Satz: „Laura, ich weiß nicht, was ich machen soll." an unterschiedlichen Botschaften enthalten auf der
   - Appell-Ebene (Ich will, dass du etwas tust!),
   - Beziehungsebene (So stehen wir zueinander),
   - Selbstoffenbarungsebene (So geht es mir gerade),
   - Sachebene (Das geschieht gerade)?

b) Wie hat Laura Ihrer Meinung nach diesen Satz interpretiert?

3 Spielen Sie die Situation entsprechend der vier Ebenen in Ihrer Gruppe nach. Bestimmen Sie einen Beobachter oder filmen Sie die Szenen.

4 Analysieren Sie die Situation. Welche Bedürfnisse könnte der Junge haben?

a) Welche Bedürfnisse könnten in der Gruppe bestehen?

b) Fühlt sich der Junge über- oder unterfordert?

Bd 1, LF 2
Kap. 4.2,
Bd.. 2, LF 5
Kap. 9.1

c) Welche Überlegungen legen die theoretischen entwicklungspsychologischen Sachverhalte nahe?

d) Welche Rolle könnte die neue Konzeption für das Verhalten spielen?

e) Welche Rolle spielen die Räumlichkeiten mit ihrer Ausstattung?

f) Erkennen Sie Rituale?

5 Versetzen Sie sich in die Situation des Jungen. Wo haben Sie sich selbst schon in einer solchen Situation befunden?

Welche Reaktion würden Sie sich wünschen? Entwickeln Sie entsprechend Ihrer Interpretation unterschiedliche Handlungsalternativen.

Hinweis

Es ist wichtig, dass Kinder die Chance bekommen, Langeweile zu ertragen, um daraus konstruktive Kräfte zu entwickeln. Ebenso bedeutsam ist, dass Kinder erfahren können, dass ein Interesse nicht nur von außen geweckt werden kann (passiv), sondern dass es auch möglich ist, Interesse selbst zu entwickeln, schließlich sich auch für die Dinge zu interessieren, die notwendig sind (aktiv). Man weiß heute auch, dass hochbegabte Jugendliche, die das Alleinsein nicht ertragen können, ihre Begabungen in der Regel nicht voll entfalten.

, LF 4 .4.4,

6 Vergegenwärtigen Sie sich die häufigen Irrtümer zur Kreativität. Kennen Sie solche Haltungen bei sich selbst oder bei Mitstudierenden?

a) Spielen Sie in ihrer Gruppe die Situation entsprechend nach. Bestimmen Sie einen Beobachter, der den jeweiligen Verlauf und die Reaktionen notiert.

b) Beobachten Sie, wie Erzieher in Ihrem Praktikum auf solche Situationen reagieren – persönlich, in ihrer Befindlichkeit und praktisch mit den jeweiligen Kindern.

7 Machen Sie sich mit den Phasen kreativer Prozesse vertraut.

Vergegenwärtigen Sie sich bei Kindern beobachtete oder selbst erlebte Phasen kreativer Prozesse und überlegen Sie zunächst allein, welche Unterstützung oder welche Rahmenbedingungen die entsprechenden Phasen positiv unterstützen könnten. Tauschen Sie sich dann mit einigen Mitstudierenden aus.

Phase im kreativen Prozess	Unterstützung: mögliche erzieherische Tätigkeit und Gestaltung der Umgebung
Problemfindung, Zielbestimmung, Problemsensitivität	Was ist das vordringliche Problem des Kindes?
Vorbereitung, Erarbeitung, Analyse, Überblick, Bearbeitung	Womit beschäftigt sich das Kind in letzter Zeit?
Inkubation	Kann das Kind diese Unsicherheit ertragen? Ruhe.
Bewertung	Kann sich das Kind der eigenen und fremder konstruktiver Kritik aussetzen?
Umsetzung	Wird es funktionieren? Bringt die Tätigkeit etwas?

9 Gehen Sie die Liste sorgfältig durch und kreuzen Sie an, wie oft Sie auf diese Weise vorgehen. Achten Sie bitte auch auf die Bereiche, in denen Sie fast nie oder nur selten so handeln. Überlegen Sie, wo Ihre Stärken sind und was Sie verbessern können.
Haben Sie selbst bei Kindern entsprechend eine kreative Grundhaltung angeregt?

	fast nie	selten	oft	häufig	immer
Probleme locker angehen					
eine Antwort zur anderen führen lassen					
sich von Gewohnheiten lösen					
die eigenen Ideen nicht gleich bewerten					
sich verschiedene Lösungen ausdenken					
sich Zeit lassen, um über Probleme nach zudenken					
dem eigenen Urteil vertrauen					
die eigenen Stärken und Fähigkeiten prüfen					
nicht negativ über sich selbst denken (z.B. „Ich kann das nicht“)					
sich selbst Freiräume geben					
Pausen machen, spazieren gehen und frische Luft tanken					
versuchen, in einer angenehmen Umgebung neue Ideen zu sammeln					
sich Störungen fern halten					
Humor einsetzen, um Blockaden zu lösen und Ideen zu entwickeln					
Informationen sammeln, um so an Sicherheit zu gewinnen					
Aufgaben in überschaubare Abschnitte aufgliedern					
möglichst nicht mit negativ eingestellten Menschen zusammenarbeiten, während man sich in der Phase der Ideenfindung befindet					
sich selbst für kreativ halten					
Stärken und Fähigkeiten aus anderen Lebensbereichen einsetzen					
Herausforderungen als Vergnügen und nicht als Bedrohung sehen					
praktische Überlegungen außer Acht lassen					
sich entspannen					
die Dinge einmal anders sehen					
spielerisch sein					
den Gedanken „Ich bin nicht kreativ“ vermeiden					
den Mut haben, zur eigenen Überzeugung zu stehen – auch angesichts von Widerständen					

a) Füllen Sie die Tabelle auch für eine/einen Ihrer Mitstudierenden aus.

b) Vergleichen Sie Ihre Selbsteinschätzung mit der Fremdeinschätzung.

Jmpuls 7: Kreative Prozesse vorbereiten

LF 4
4.1,
9.4

Dieser Raum befindet sich in einer 3-gruppigen Einrichtung. Die Kinder sind in festen Stammgruppen. Der Kindergarten ist in einem typischen 60er-Jahrebau untergebracht. Er hat zwei Etagen. Im Erdgeschoss liegen die beiden Gruppenräume, die durch einen langen Flur verbunden sind. Die Räume haben jeweils knapp 50 m² und jeweils unterschiedliche Funktionsbereiche: ein Frühstücksbereich, eine Kuschelecke mit Sofa und Büchern, hinter Vorhängen ein Rollenspielbereich, eine Bauecke, ein Maltisch und in einem Regal eine Reihe von Spielen. Die Regale sind offen und die Kinder haben freien Zugang zu den meisten Materialien.

Wenn schlechtes Wetter ist und die Kinder kaum im Freien spielen können, kann es im Haus auch etwas lauter werden. Dann ermahnen die Erzieherinnen die Kinder oder überlegen sich Angebote, die den Lärmpegel senken. Das ist allerdings nicht einfach, da es kaum Rückzugsmöglichkeiten gibt und sich die Kinder oft gegenseitig ablenken.

Im Flur befindet sich die Garderobe für die Kinder. Am Ende führt eine Treppe in den Keller mit einer kleinen Küche, in der sich auch die Erziehrinnen zu Teambesprechungen treffen. Daneben ist ein größerer Kellerraum, der in der Regel als Bewegungsbaustelle genutzt wird.

Damit findet das Team für die Arbeit mit den Kindern sehr beengte Raumverhältnisse vor. Zum Glück verfügt die Einrichtung über einen größeren Außenbereich und befindet sich am Ortsrand.

Im Sommer, wenn die Kinder zum Herumtollen gut nach draußen können, haben sich die Erzieherinnen dazu entschlossen, den Bewegungsraum umzuwidmen. Aus allen Winkeln und Räumen werden alle Bausteine zusammengesammelt, um einen riesigen Bauraum einzurichten. Es dürfen jeweils nur wenige Kinder gleichzeitig in diesen Bauraum. Die Kinder müssen mit dem Vorgefundenen behutsam umgehen und dürfen das wachsende Bauwerk nicht einfach zerstören.

Mit der Zeit entsteht eine ganze Stadt. Die Kinder bringen auch von zuhause verschiedene Dinge mit oder bauen in der Umgebung Gesammeltes mit ein.

Die Erzieherinnen halten das Baugeschehen immer wieder mit Fotografien fest.

1 Reflektieren Sie Ihre Erfahrungen aus Ihrer letzten Praxis.

a) Inwieweit ist die Umgebung, das Feld, für die kreative Entwicklung der Kinder förderlich?

b) Wo behindert es die Kreativität eher?

Hinweis

Grundlage: beobachtetes Verhalten der Kinder. Das Feld sind die Umstände, in denen ein Mensch aufwächst und lebt. Familie, Freunde, Peergruppe, gesellschaftliche und kulturelle Einflüsse ... und nicht zuletzt die Erzieher und Erzieherinnen.

2 Entscheiden Sie sich für eine Praxissituation und beurteilen Sie sie. Entwickeln Sie Problemlösungen. Erstellen Sie dazu eine Liste.

	positiv	negativ
Verhalten der Erzieherinnen/ Erzieher		
Atmosphäre/Stil		
Zeitstruktur/ Tagesstruktur		
Regeln		
Raumaufteilung		
Materialien		
Ordnungssysteme		
Präsentations-flächen		
Licht		
...		

, LF 2
, LF 4
. 4

3 Ergründen Sie Ihre eigenen Grundhaltungen und Fähigkeiten.

Aufmerksamkeit

Konzentrationsvermögen

Beobachtungsvermögen

Intuition

Kreativität

Ideenflüssigkeit

Neugier

Vorstellungsvermögen

Denken und Wahrnehmen in Zusammenhängen

Weltoffenheit

4 Schätzen Sie Ihr Wissen ein.

Allgemeinbildung (Pflanzen, Tiere, Vorgänge des Alltags, Kulturen, Religionen, ...)

Geschichten kennen

Biografien kennen

berufsspezifisches Fachwissen aus den jeweiligen Handlungsfeldern

5 Ergründen Sie Ihr Können.

Handlungskompetenz

Sprache

Repertoire an gestalterischen Möglichkeiten (Techniken, zeichnerische oder malerische Sicherheit Umgang mit verschiedenen Werkzeugen ...)

Materialkenntnisse

Ideenflüssigkeit

6 Erstellen Sie eine Liste: Welche Möglichkeiten stehen Ihnen im Moment offen? Was können Sie gut? Was kennen sie?

Ergänzen Sie: Was wollen Sie sich in den nächsten Monaten erarbeiten?

Hinweis

Machen Sie eine realistische Bestandsaufnahme. Suchen Sie ihre Stärken. Denken Sie an Situationen, die Ihnen gut gelungen sind, mit denen Sie zufrieden waren und für die Sie positive Anerkennung bekommen haben. Wenn Sie in Situationen unsicher waren, notieren Sie, was Sie konkret verunsichert hat. Sehen Sie diese Übung als eine Atempause auf Ihrem Weg an. Orientieren Sie sich, bevor Sie weitergehen. Legen Sie fest, was sinnvoller Weise Ihre nächsten Schritte sein könnten, die Sie auch erreichbar sind.

2, LF 4
.4.2,
4.8
2, LF 5
.5.1,

Eine anregungsreiche Umgebung gestalten

7 Besprechen Sie sich in kleinen Gruppen und tragen Sie Ihre Erfahrungen zusammen.

- Waren die Räume in einem ansprechenden und einladenden Zustand?
- Herrschten angenehme Licht- und Platzverhältnisse?
- Gab es in Ihrer Einrichtung ungestörte Rückzugsbereiche? Wurde den Kindern ihre Ruhe gelassen?
- Konnten die Kinder sich frei bewegen und die Umgebung erkunden?
- Mussten viele Regeln vereinbart werden, weil es beispielsweise entsprechende Gefahrenpotentiale gab?
- Konnten die Kinder viele Entdeckungen machen? Konnten die Kinder Sammlungen anlegen?
- Waren den Kindern immer wieder neue Materialien zugänglich? Wurden die Kinder immer wieder mit neuen Materialien und Ideen vertraut gemacht?
- Hatten die Kinder die Möglichkeit unbeaufsichtigt und aus eigener Initiative heraus kreativ tätig zu werden?
- Waren den Kindern entsprechende Materialien frei zugänglich?
- Waren die Materialien in ausreichender Menge vorhanden?
- Wurden die Materialien auch ansprechend angeboten und waren sie in einem guten Zustand?
- Waren die Materialien gesundheitlich unbedenklich?
- Wurden die Kinder in ihrer Initiative unterstützt und gefordert?
- Gab es ausreichende Lagerflächen für die entstandenen Arbeiten?
- Wurden die Arbeiten der Kinder gewürdigt und ansprechend präsentiert?
- Wurden die Werke der Kinder mit Notizen versehen und gesammelt?
- Herrschte in der Einrichtung eine Atmosphäre, die zu kreativem Tun einlud?
- Haben die Erzieherinnen die Kinder in ihrem Tun ermuntert und unterstützt?
- Waren die Erzieherinnen selbst kreativen Prozessen gegenüber aufgeschlossen?
- Konnten die Kinder ihren eigenen Wissenszuwachs bemerken?
- Wurde den Kindern rückgemeldet, wenn sie etwas gut konnten oder ihnen etwas gut gelungen ist?
- Haben sich auch die Eltern an der Kreativität ihrer Kinder gefreut?
- Erfuhr die kreative Tätigkeit an sich eine Wertschätzung?

8 Befassen Sie sich nochmals mit der Liste aus Aufgabe 2.

Jmpuls 8: Bildideen entwickeln – assoziatives Verhalten

Bd 2, LF 4
Kap. 4.2,
4.3, 4.4

Die grundlegende Bedeutung gestalterischer und kreativer Arbeit schon in den Kindertagesstätten wird häufig sehr unterschätzt. Das führt dazu, dass diese Tätigkeiten leicht als nette Nebenbeschäftigungen angesehen werden, denen man nachgehen kann, wenn es nichts „Wichtigeres" zu tun gibt. Dieser Haltung begegnet man auch bei vielen Eltern. Sie freuen sich zwar, wenn sie etwas „Nettes" von ihren Kindern geschenkt bekommen, sehen oft aber nicht den entwicklungsfördernden und persönlichkeitsunterstützenden Effekt kreativen Tätigseins.

Es kann für die Erzieherinnen so ein Druck entstehen, mit den Kindern „vorzeigbare" Dinge zu produzieren. Dann werden aus Phasen, in denen echte kreative Prozesse stattfinden könnten mit allen entsprechenden Entwicklungs- und Entfaltungsmöglichkeiten für die Kinder, Basteleinheiten, die letztlich originelles Denken uniformieren.

ABKLATSCH-TECHNIK	mit der Hand ausstreichen	mit den Fingern ausstreichen	quetschen	zwei verschiedene Papiere	mit Partner	„Decalcomanie"	Farbkombinationen	Papierfarben	in einer Gruppe reihum weitergeben	schnell auseinander falten	langsam auseinanderziehen	teilweise auseinander falten	reißen	verschiedene Faltungen	gezielte Farbverteilung	Farbe auf halbes Blatt	Reihenfolge der Arbeitsgänge ändern	assoziativ ausdeuten	…
DIN A4-Papier																			
DIN A3- Papier																			
glatte Oberfläche																			
saugfähige Oberfläche																			
Plakafarben																			
Wasserfarben																			
Tuschen																			
Wachsstifte																			
Ölfarbe																			
Haarpinsel																			
Borstenpinsel																			
Stäbchen																			
Halme																			
Finger																			
anfeuchten																			
Wasserzerstäuber																			
Föhn																			
raue Unterlage																			
Glas																			
Leim																			
Sand untermischen																			
…																			

Wie viele auf den ersten Blick sehr „einfache" Techniken bietet auch die Abklatschtechnik eine enorme Variationsbreite und Gestaltungsvielfalt. Nur: Wie findet man diese Variationen? Wie kann man die Möglichkeiten einer Technik ausloten?

Mit dem Morphologischen Kasten lassen sich die unterschiedlichen Möglichkeiten systematisch erarbeiten. Versuchen Sie einen eigenen Morphologischen Kasten für die jeweiligen Techniken zu erstellen und erproben Sie dann möglichst viele Variationen. Nehmen Sie sich einige ruhige Minuten Zeit und legen Sie sich eine Tabelle an. Notieren Sie in einer Spalte untereinander alle Materialien, von denen Sie sich vorstellen können, dass Sie sie für die Technik gebrauchen könnten. Schließen Sie dabei nicht voreilig Materialien aus. Neben den hier für die Abklatschtechnik aufgeführten Dingen können Sie selbstverständlich auch die unterschiedlichsten anderen Materialien ausprobieren.

Notieren Sie sich dann in eine Zeile verschiedene Möglichkeiten, wie Sie mit den Materialien umgehen könnten, wie Sie sie handhaben könnten. Im Fall der Fadengrafik kämen hier verschiedene Fäden und Wollen dazu oder das Herausziehen in unterschiedlichen Winkeln oder Geschwindigkeiten oder durch ein Loch im Papier …

Nun können Sie die unterschiedlichen Kombinationen systematisch ausprobieren. Notieren Sie sich bei den unterschiedlichen Ergebnissen auf der Rückseite, wie sie gemacht wurden. Sie werden erstaunt sein, welche Bandbreite sich ergibt. Führen Sie die Technik mit Partnern durch.

Auch mit Kindern lässt sich in dieser Weise eine Technik erkunden. Dabei muss man die unterschiedlichen Aspekte nicht unbedingt verschriftlichen. Mann könnte auch auf einem großen Plakat in die Spalte unterschiedliche Gegenstände kleben und in die Zeile Symbole für die unterschiedlichen Vorgehensweisen zeichnen. Fertige Ergebnisse könnte man an die entsprechende Stellen auf dem Plakat kleben. Man sollte hier aber darauf achten, nicht zu viele Möglichkeiten auf einmal zu systematisieren. Der Morphologische Kasten sollte für die Kinder überschaubar bleiben. Die Kinder sind so nicht nur gestalterisch tätig. Sie erfahren auch eine systematische Methode zu Erforschung und Weiterentwicklung eine Technik. Das Verfahren lässt sich übrigens in verschiedenen Lebensbereichen anwenden.

1 Auf dieser Seite sehen Sie einen „Morphologischen Kasten". Er ist eine der vielen Kreativitätstechniken. Entwickeln Sie die Techniken, die Ihnen im Folgenden vorgestellt werden, entsprechend dieser Kreativitätstechnik weiter. Suchen Sie Ihre Grenzen und erweitern Sie sie. Arbeiten Sie selbst nicht auf kindlichem Niveau.

Vermitteln Sie eine neu erarbeitete Technik einer Gruppe Ihrer Mitstudierenden.

Erproben Sie mit Kindern verschiedene Variationen einer Technik und lassen Sie sich dabei auf die Ideen und Möglichkeiten der Kinder ein. Lernen Sie von den Kindern.

Die Knittertechnik

Die Knittertechnik gehört zu den alleathorischen Verfahren, das heißt, zu den Zufallstechniken. Sie erfordert und trainiert das assoziative Sehen.

Damit ein Bild gut wirkt, braucht sie aber schließlich auch ein sensibles Eingehen auf die vorhandenen Strukturen, auf den Charakter der vorhandenen Linien und Formen. Das sollten Sie vor allem als Erwachsene beachten. Für Kinder spielen eher die auftauchenden Assoziationen eine Rolle, die für sie dann Gestaltungs- und Bildanreiz sein können. Überfordern Sie die Kinder nicht.

Methodenhinweis

Für die Knittertechnik benötigt man:

- weißes oder helles Papier (mindestens DIN A3 oder Zeitungspapier)
- einen Kopierer oder Scanner
- Filzstifte, Holzstifte oder Wasserfarben
- oder anderes Material, um gestalterisch zu arbeiten.

Die Technik hat drei große Arbeitsphasen:

1. Zerknittern Sie (nicht „sauber" falten!) mehrere Papiere und legen Sie sie auf das Glas des Kopierers oder Scanners und ziehen mehrere Kopien. Diesen Vorgang wiederholen Sie einige Male, wobei das Papier immer wieder neu geknittert und auf dem Glas drapiert wird.

2. Für die zweite Phase braucht man etwas Ruhe und eventuell Geduld. Wenn man an einem Sommertag in die Wolken schaut, findet man oft die unterschiedlichsten Wesen und Dinge am Himmel – Tiere, Gesichter, Burgen, Drachen ... Ähnlich ist es auch bei den entstandenen Kopien: Wenn man sie eine Weile betrachtet, erscheinen auf einmal die verschiedensten Gegenstände, Tiere, Personen ... Oft sind es mehrere auf ein und derselben Kopie. Es sind auch unterschiedliche Dinge, je nachdem, wie man die Kopie dreht. Oft teilen sich unterschiedliche Dinge dieselben Strukturanteile.
   In den seltensten Fällen ist nur schwer etwas zu finden. Setzen Sie sich selbst oder die Kinder aber nicht unter Druck.
   Die entstandenen, zufälligen Strukturen erinnern an Konkretes. Hat man einmal eine konkrete Form entdeckt, ist es nur noch schwer möglich, diese Form nicht mehr zu sehen und etwas anderes zu finden. Aber auch das gelingt mit etwas Übung immer leichter. Legen Sie sich also nicht zu schnell fest oder arbeiten sie mit mehreren gleichen Kopien.

3. Die dritte Phase verlangt ein sensibles Umgehen mit den vorgefundenen Strukturen. Folgen Sie den Linien und Kanten mit einem Stift, ohne ihnen Ihren eigenen Willen aufzuzwingen. Folgen Sie ihnen diszipliniert, machen Sie nicht aus Ecken und Kanten Bögen. Ergänzen Sie für Ihre Figur notwendige Linien und halten Sie sich dabei an die Formensprache der Struktur. Wenn Sie Ihre Figur so geklärt haben, können Sie sie auf ein weißes Blatt übertragen (durchpausen) und anschließend mit unterschiedlichen Materialien kolorieren. Achten Sie darauf, dass Ihre Figur günstig im Format sitzt.

Der Liniensalat

Auch der Liniensalat ist eine Übung, die das assoziative Sehen schult. Mit dieser Technik lassen sich schnell Bildideen finden und entwickeln, z. B. für Comic-Figuren, Gesichter oder Tiere.

Die Technik ist etwas einfacher als die Knittertechnik.

Methodenhinweis

Man benötigt für diese Technik
- einen Bleistift
- Papier
- Radiergummi
- Farben und die entsprechenden Werkzeuge je nach Bedarf und Weiterarbeit

Sorgen Sie für eine ruhige und konzentrierte Atmosphäre. Jedem Teilnehmer sollten alle Werkzeuge zur Verfügung stehen.

Malen Sie auf das Blatt eine lange und in sich verschlungene Linie ohne abzusetzen. Das hört sich leicht an, bedarf aber einer kleinen Anlaufphase. Denn der Liniensalat sollte nicht zu dünn und nicht zu dicht sein. Man sollte auch nicht ein bestimmtes Endergebnis bereits im Kopf haben und versuchen, es zu erreichen. Nutzen Sie das Blattformat gut und relativ gleichwertig aus.

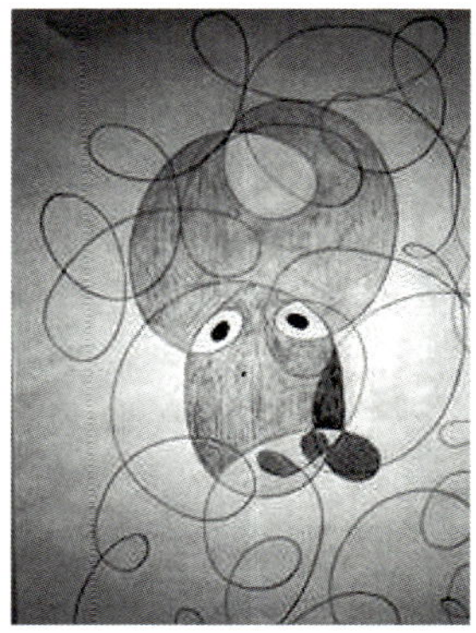

Das Erzeugen eines solchen Liniensalates ist einfacher, wenn man in sich ruhig und ausgeglichen ist. Sie sollten diesen Zustand atmosphärisch unterstützen.

Haben Sie ein paar (möglichst unterschiedliche) Liniensalate erzeugt, kommt der zweite Schritt: In jedem (!) Liniensalat sind die verschiedensten Motive „versteckt". Man muss sie nur finden. Sieht man auf einem Blatt mehrere ansprechende Ideen, kann man evtl. auch Kopien ziehen, bevor man sich an die Ausarbeitung der jeweiligen Motive macht.

Dabei geht es darum, störende Linien und Flächen optisch in den Hintergrund zu drängen, wenn möglich auch die eine oder andere Linie zu entfernen – oder dazuzusetzen. In dem Bildbeispiel oben wurden sehr viele Linien entfernt.

Hinweis

Assoziieren erfordert und fördert gleichzeitig eine ganze Reihe kognitiver Prozesse:
Man muss sich an etwas erinnern, was mit dem Seheindruck zu tun hat und es muss gelingen, eine Beziehung zwischen dem Gesehenen und der Erinnerung herzustellen.
Damit das gelingen kann, muss man die vorgefundene Erscheinung strukturieren. Einzelne Elemente müssen geordnet werden, sie müssen eine Bedeutung bekommen. Schließlich muss festgelegt werden, was nicht zu dem neuen Muster gehören soll.
Für eine weitere gelingende Gestaltung ist es am Ende wichtig, dass man die der Struktur inne wohnenden Gesetzmäßigkeiten erfasst und die Formensprache erkennt, die man in der weiteren Gestaltung aufnehmen sollte. Dazu bedarf es einer gewissen Sensibilität (materialgerechtes Arbeiten).

Die Fadengrafik

Die Fadengrafik ist eine sehr einfache Zufallstechnik, die ohne großen Aufwand zu realisieren ist und die kaum Risiken birgt.

Methodenhinweis

Zur Durchführung benötigt man:

- Wasserfarben
- Borstenpinsel
- Stift
- Nähgarn (verschiedene Fäden, Wolle)
- Papier
- Atlas, Telefonbuch o. ä.

Jedem Teilnehmer sollten alle Materialien zur Verfügung stehen.

Arbeiten Sie mit einem Partner zusammen. Das Papier sollte auf einer Seite mit dem Namen versehen werden, da die zunächst entstehenden Ergebnisse nur schwer voneinander zu unterscheiden sind. Weiterhin muss jeder Teilnehmer einen Faden auf eine Länge bringen, die er gut handhaben kann. In der Regel ist das die Armlänge, selten mehr als ein Meter.
Sind die Vorbereitungen getroffen, rührt man mit dem Borstenpinsel die gewünschte Farbe gut auf (bis sie „schaumig“ wird). Dann muss der Faden eingefärbt werden. Das gelingt relativ gut, wenn man ihn in einer Linie auslegt, an einem Ende nimmt und dann mit Hilfe des Pinsels in die Farbe drückt und nicht zu schnell, aber doch zügig durch das Farbnäpfchen zieht.
Gleich anschließend wird der Faden auf das erste Blatt Papier gelegt, so, dass noch ein Ende herausschaut. Ein zweites Blatt, welches öfters und für verschiedene Bilder verwendet werden kann, wird darüber gelegt, das Ganze mit einem Buch oder durch die Hände eines Partners beschwert und dann der Faden zwischen den Blättern herausgezogen. Bei diesem Vorgang gibt der Faden seine Farbe an das Papier ab und hinterlässt sehr dynamische Bewegungsspuren. Der ganze Prozess kann nun beliebig oft auch mit verschiedenen Farben wiederholt werden. Der Faden kann immer wieder verwendet werden.

Tipps:

- Ist der Druck unter dem Buch oder den Händen zu groß, reißt der Faden oder gibt seine Farbe nur auf einer Linie ab.
- Man kann den Faden an einer Stelle zwischen den Papieren herausziehen, über eine ganze Kante oder durch ein Loch im oberen Papier
- Experimente mit verschiedenen Farben, Verdünnungen, Fäden, Papieren usw. lohnen sich

Hinweis

All diese assoziativen Verfahren sind für Kinder eher ein Spiel, mit dem sie auf neue Gedanken oder Ideen kommen können. Oft ist es anregend und spannend genug, die unterschiedlichen Strukturen einfach nur zu betrachten und sich an den Dingen zu freuen, die auf einmal auftauchen. Manchen Kindern (und Erwachsenen) fällt es schwer, etwas zu sehen. Dann sollte man behutsam neue Deutungen anregen. Mit dem Material muss nicht zwangsläufig gestalterisch weiter umgegangen werden. Das stellt mitunter eine große motorische und intellektuelle Herausforderung dar. Wenn Kinder aber mit den Strukturen und Assoziationen weiter umgehen wollen, sollten sie auch dazu die Gelegenheit dazu bekommen. Sie sollten das dann auch in ihrer kindgemäßen Art tun können.

Jmpuls 9: Anregungen aus der Umwelt aufnehmen

Es geht nicht einfach nur darum, einen Zugang zu Bildern zu bekommen, sondern um einen Zugang zur Welt, zu sich selbst und zu seiner eigenen Beziehung zur Welt.

Bd 2, LF 5
Kap. 5.2

„Ich suche nicht – ich finde!" hat Pablo Piccasso einmal gesagt. Und in der Tat ist es oft so, dass einem manchmal auch gute Ideen, schöne Bilder, kluge Gedanken, pfiffige Lösungen für ein Problem scheinbar ohne jede Anstrengung geschenkt werden – wenn man nur offen dafür ist und wach genug, um sie zu sehen.

Und gerade darin liegt auch schon das Problem: Entweder, man fühlt sich nicht in der Stimmung oder man ist nicht vorbereitet (2. Phase kreativer Prozesse), um die Chancen, die eine Beobachtung oder Erfahrung bietet, auch wahrnehmen und annehmen zu können.

Es ist aber eine Fähigkeit, die sich trainieren lässt, wenn man sie kennt. Es geht darum entspannt zu sein und offen für das, was sich einem bietet. Gleichzeitig braucht man im entscheidenden Moment die nötige Wachheit und Aufmerksamkeit, um auch zugreifen zu können. Es geht im Idealfall um eine „entspannte", aber gleichzeitig uneingeschränkte Aufmerksamkeit, die die richtige Handlung oder Schlussfolgerung im richtigen Moment ermöglicht. Die alten Griechen nannten diesen entscheidenden richtigen Augenblick den „Kairos". Er ist oft ein wichtiger Bestandteil kreativer Problemlösungen.

Leider kann man Dinge und Einsichten, die einem so über den Tag zufliegen, nicht immer in dem Moment gebrauchen, in dem sie einem begegnen. Deshalb ist es auch wichtig, sich im entscheidenden Moment an solche Erlebnisse erinnern zu können.

Diese Fähigkeit lässt sich nur schwer üben, wenn man sich mit fertigen Vorstellungen in einen Prozess begibt. Daher ist es wichtig, sich immer wieder in Situationen zu begeben, in denen nicht von vornherein klar ist, was geschehen soll und welches Ergebnis am Ende stehen wird, ob überhaupt ein greifbares Ergebnis am Ende stehen wird. Begeben Sie sich selbst und mit den Ihnen anvertrauten Kindern daher immer wieder in ergebnisoffene Situationen.

1

a) Befassen Sie sich mit dem Begriff „Serendipität".

b) Legen Sie sich auf den Rücken, entspannen Sie sich, schauen Sie sich die Wolken an und fangen Sie ruhig an zu dösen ...

c) Leonardo da Vinci empfahl seinen Schülern, einen mit Farbe getränkten Schwamm an die Wand zu werfen und die entstandenen Spuren zu betrachten, wenn ihnen keine Ideen für neue Landschaften kommen wollten. Versuchen Sie es mit einem großen Blatt Papier.

Frottage

Hinweis

1925 taucht die Frottage bei Max Ernst auf. Er führt diese Technik auf ein konkretes Erlebnis zurück:
Der ausgewaschene Fußboden in einem kleinen Hotel in Pornic an der Atlantikküste suggerierte ihm eine texturreiche, interpretationsfähige Ausgangswelt. Er legte auf die Dielen des Bodens ein Papier und rieb mit weichem Grafit die Strukturen durch. Zu den Elementen, die herangezogen wurden, zählen neben Brettern auch Strohgeflechte, hartes Brot, Bindfaden, Kirschenstiele, kleine Muscheln, Blätter, Rinde ...
Dank der Kombination der verschiedenartigsten, reliefartig spürbaren Texturen bereicherte er diesen Formenschatz und überführte ihn, interpretierend, in präzise Zeichnungen.

2 Beobachten Sie Ihre Umgebung mit wachen Augen. Führen Sie die Technik mit unterschiedlichen Farben auf einem größeren Format auf dem Niveau eines Erwachsenen durch.

Sie brauchen:
- möglichst viele **verschiedene flache Materialien** mit **unterschiedlichen rauen und strukturierten Oberflächen** (auch Wände, Böden, Bäume ... Pappen)
- dünnes **Papier** (Kopierpapier)
- weicher **Bleistift** oder Grafitstift (B2 oder B4)
- evtl. **Wachskreiden**, **Pastellkreiden**

Alle Teilnehmer sollten auf alle Mittel Zugriff haben.

Man legt ein dünnes Papier (Kopierpapier) auf eine raue Oberfläche, z.B. eine Münze. Anschließend wird mit dem weichen Bleistift oder der Kreide zunächst mit leichtem Druck über die Fläche gestrichen. Dabei zeichnet sich die Struktur der Oberfläche auf dem Papier ab. Versuche mit unterschiedlichem Material, verschiedenen Werkzeugen und unterschiedlichem Druck sind lohnend und fordern den sensiblen Umgang mit dem Material.

Tipps:
- (Blei-) Stifte nicht zu sehr anspitzen, Kreiden auch quer benutzen
- erproben Sie Grafitblöcke
- den Anpressdruck variieren
- keine Linien zeichnen, nur Flächen
- Versuche auch mit farbigen Kreiden
- es wird heute zunehmend schwer, Materialien mit verschiedenen Oberflächen zu finden: Sammlung anlegen oder Papiere und Stifte mit nach draußen nehmen.

Was gibt es in Ihrer Umgebung?

3 Unternehmen Sie eine „Fotosafari“ (am besten zusammen mit Kindern) und fotografieren Sie alles, was Ihnen interessant erscheint und was Ihre Assoziationen anregt.

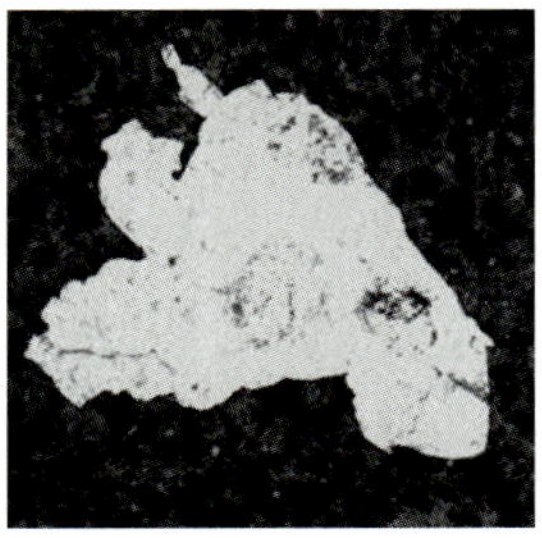

Fertigen Sie Ausdrucke oder Kopien an und deuten Sie sie assoziativ aus.

Hinweis

Werfen Sie nichts unbesehen fort. Nehmen Sie sich Zeit, die Dinge in Ihrer Umgebung und das, was vielleicht auch unbeabsichtigt entsteht, wahrzunehmen.
Lassen Sie sich von den vielen Formen und Farben inspirieren. Arbeiten Sie mit diesem Material weiter. Kommunizieren Sie damit und zwingen Sie ihm nicht Ihren Willen auf. Seien Sie sensibel. Teilen Sie Kindern mit, wenn Sie etwas Interessantes bemerken und gehen Sie auf die Kinder ein, wenn sie etwas Interessantes sehen.

4 Legen Sie (am besten zusammen mit Kindern) eine umfangreichere Sammlung verschiedener Fundstücke und Gegenstände an (vergl. Reggio-Pädagogik). Das können auch Teile sein oder Dinge, die völlig aus ihrem ursprünglichen Zusammenhang gelöst sind und seit langem keine Funktion mehr haben.

5 Betrachten Sie die folgenden Gegenstände genau. Zeichnen Sie sie aus dem Gedächtnis.

a) Überlegen Sie sich Antworten auf folgende Fragen.
   - Welche Funktion hatten die Gegenstände wohl?
   - Wer hat Sie verwendet?
   - Was haben Sie wohl erlebt?
   - Was ist heute an ihre Stelle getreten?

b) Kombinieren Sie die Dinge in der Gruppe. Machen Sie Collagen und Assemblagen.

5 Stellen Sie sich vor, diese unterschiedlichen Dinge wären Personen, die sich in einem Urlaub zufällig begegnen und ins Gespräch kommen und Abenteuer miteinander unternehmen. Welche Charaktere hätten sie? Was würden sie zusammen tun?

Spielen Sie diese Szenen anschließend in der Gruppe vor.

Jmpuls 10: Wasser erfahrbar machen

Bd 1, LF 2
Kap. 4

Laura macht ihr Praktikum in einem kirchlichen Kindergarten mit drei Stammgruppen. In jeder Gruppe sind ca. 22 Kinder, Jungen und Mädchen, altersgemischt.

In den einzelnen Stammgruppen befinden sich jeweils verschiedene Funktionsbereiche: Bauecke, Leseecke, Malbereich, Spiele und in einem mit einem Vorhang abgetrennten Teil ein Rollenspielbereich. In allen Räumen gibt es eine Empore unter der ein Sofa und Matratzen zum Ausruhen sind. Der Malbereich befindet sich in der Nähe des Waschbeckens.

Das ganze Gebäude ist relativ neu und hell. Es ist sehr funktional eingerichtet. Von jedem Gruppenraum aus kommt man über eine Glastür auf ein Freigelände, auf dem sich auch ein kleiner Brunnen mit einer Wasserpumpe befindet.

Vor allem die älteren 5-6-jährigen Kinder der Mäusegruppe, drei Jungen und zwei Mädchen, haben in letzter Zeit diesen Brunnen für sich entdeckt und verbringen dort viel Zeit. Sie pumpen und füllen das Wasser in verschiedene Gläser und Eimer. Darin spielen sie mit verschiedenen Booten oder sie freuen sich an den Mustern, die die Gläser auf den Tisch zeichnen. Sie füllen auch mit Vorliebe Wasser in verschiedene Gläser um und wissen auch annähernd, wie viele Gläser sie brauchen werden.

Bei all den Beobachtungen zeigen sie ihren Freunden, was ihnen jeweils gerade auffällt. Dann erfinden sie die wildesten Erklärungen, wissen aber teilweise auch schon sehr gut Bescheid. In letzter Zeit kommen sie auch öfters zu Laura und wollen wissen, warum etwas so oder so ist.

1 a) Machen Sie sich mit den entwicklungspsychologischen Zusammenhängen vertraut. Überlegen Sie sich, was Kinder können können, wenn ihre Entwicklung normal verläuft. Orientieren Sie sich im Online-Handbuch Kindergartenpädagogik (www.kindergartenpädagogik.de).

	Fähigkeiten und Fertigkeiten der 5-6-Jährigen
„Ich“	
sozial	
Motorik	
Sehen	
kognitiv	
Gedächtnis	
Sprache	
Zahlen	
Zeichnen	
Interessen	

b) Befassen Sie sich mit einer konkreten Kleingruppe von Kindern und nehmen Sie deren individuellen Entwicklungs- und Leistungsstand möglichst differenziert wahr.

Oberflächenspannung

2 Führen Sie das folgende Experiment durch. Gestalten Sie sich zuerst einen ansprechenden und einladenden Arbeitsplatz mit allen benötigten Materialien. Beobachten Sie sich während des Versuches gegenseitig.

Sie benötigen:

- eine saubere Schale oder ein Glas mit klarem Wasser
- eine kleine Nähnadel
- eine Pinzette
- Löschpapier
- Lupe
- Fotoapparat/Digitalkamera

Wenn Sie die Nadel auf die Wasseroberfläche fallen lassen, wird sie untergehen. Legen Sie die Nadel aber mit viel Fingerspitzengefühl und sehr vorsichtig auf die Wasseroberfläche, so wird sie schwimmen. Versuchen Sie das auf verschiedene Art und Weise: Nehmen Sie die Nadel in die Finger, verwenden Sie die Pinzette. Wahrscheinlich wird es Ihnen nicht beim ersten Versuch gelingen, dass die Nadel schwimmt.
Sie können auch die Nadel auf ein Löschpapier legen und dann aufs Wasser. Wenn sich das Löschpapier vollgesaugt hat, wird es untergehen – die Nadel wird (meistens) auf dem Wasser schwimmen bleiben.

Ist Ihnen der Versuch auf Anhieb gelungen? Haben Sie gezittert? Waren Sie nervös?
Führen Sie den Versuch auch mit anderen Materialien durch: einer Rasierklinge, einer Büroklammer...

3 Führen Sie diesen Versuch mit Kindern durch. Fotografieren Sie den Effekt oder lassen Sie Kinder fotografieren.

a) Beobachten Sie die Oberfläche genau. Verwenden Sie auch eine Lupe dazu.
   - Wie sieht die Oberfläche an der Nadel aus?
   - Wie am Glasrand, wenn das Glas nicht ganz voll ist?
   - Wie sieht die Wasseroberfläche am Glasrand aus, wenn das Glas übervoll ist?

b) Kinder sind neugierig. Sie wollen wissen, warum etwas so ist, wie es ist. Erklären Sie, was bei diesem Versuch geschieht. Sammeln Sie Ihre unterschiedlichen Erklärungen.

Hinweis

Interessanterweise tut die Nadel beides: sie schwimmt und sie geht unter. Damit verhält sie sich offensichtlich anders als ein Stein oder ein Stück Holz. Der Stein wird immer unter gehen, das Holz wird immer schwimmen. Mit der Nadel kann man offensichtlich etwas Unerwartetes tun. Das provoziert Fragen.
Wenn etwas geschieht, womit man nicht gerechnet hat und ein Vorgang damit frag-würdig wird, entsteht eine kognitive Dissonanz. Diese kognitive Dissonanz eignet sich gut zur Motivation und dazu, das Interesse auf bestimmte Fragen zu lenken. Sie eignet sich auch gut, das Verlassen gewohnter Denkbahnen zu provozieren und den Dingen auf den Grund gehen zu wollen. Man kann sie also methodisch gezielt einsetzen.

Was die Oberflächenspannung von Wasser mit Wasserläufern zu tun hat

4 Führen Sie das folgende Experiment selbst durch. Gestalten Sie sich zuerst einen ansprechenden Arbeitsplatz mit allen benötigten Materialien. Arbeiten Sie sorgfältig und konzentriert. Beachten Sie die Reihenfolge der Arbeitsschritte.

Sie benötigen:

- einen kleinen „Fisch" aus einer OHP-Folie ausgeschnitten (der Versuch funktioniert auch mit einem Streichholz oder Papierstückchen)
- eine saubere, flache Wanne oder ein sauberes Backblech
- Spülmittel
- Pipette oder Streichholz
- Frischhaltefolie
- Schere

Auch die Overheadfolie schwimmt einerseits und kann andererseits am Grund eines Wasserbehälters liegen bleiben. Bei diesem Versuch soll der Fisch auf dem Wasser schwimmen. Lassen Sie einen Tropfen Spülmittel unmittelbar hinter dem Fisch auf das Wasser tropfen. Sie müssen sehr aufmerksam und schnell beobachten.
Der Versuch wird auch Kindern viel Spaß machen. So viel Spaß, dass sie ihn wiederholen wollen. Wiederholen auch Sie den Versuch und lassen Sie erneut einen Tropfen Spülmittel hinter dem Fisch aufs Wasser fallen. Leider wird nun nichts Spektakuläres mehr passieren. Es sei denn, Sie haben den Wasserbehälter gereinigt und das Wasser komplett ausgetauscht.

7 Notieren Sie einige Warum-Fragen und lesen Sie erst dann weiter.

Hinweis

Zur Erklärung des Phänomens sei hier folgendes Modell angeboten, das man auch zur Erklärung des Phänomens der schwimmenden Nadel verwenden kann:
Zur Veranschaulichung kann man Kindern eine Glasschale mit einer darüber gespannten Frischhaltefolie zeigen. Wenn man die Nadel vorsichtig darauf legt, wird sie darauf liegen bleiben. Drückt man sie mit der Spitze durch die Folie, fällt sie auf den Boden der Schale. Genauso wenig kann die Nadel in echtem Wasser schwimmen, wenn man sie mit der Spitze voraus eintaucht.
Aber wieso setzt sich der Fisch in Bewegung? Um diesen Zusammenhang zu demonstrieren, werden ca. 40 cm Frischhaltefolie auf dem Tisch ausgerollt. Je ein Kind hält die Folie an einem Ende und setzt sie leicht unter Spannung. Die Folie berührt dabei den Tisch. Nun wird der Fisch auf die gespannte Folie gelegt. Wenn man dann mit der Schere die Folie durchschneidet, wird sie unter der Spannung schließlich reißen und die beiden Teile gehen auseinander. Die Hälfte, auf der der Fisch liegt, wird den Fisch einfach mitnehmen.
Bewusst werden in beiden Erklärungsmustern Modelle mit denselben Materialien verwendet. Die Frischhaltefolie steht für die Wasseroberfläche, die unter Spannung steht und eine gewisse Tragfähigkeit hat. Die Schere übernimmt die Rolle des Spülmittels. Der Fisch wird auch in den echten Experimenten verwendet. So soll den Kindern der Transfer erleichtert werden. Anhand dieser Modelle kann der Zusammenhang rational nachvollziehbar werden.

Kleinstlebewesen im Wasser

5 Machen Sie es sich hübsch und stellen Sie sich ein paar Blumen in eine Vase. Lassen Sie sie mindestens drei Tage stehen.

Wenn Sie in einem Praktikum sind, stellen Sie die Blumen zusammen mit den Kindern im Gruppenraum auf. Experimente im Kindergaren sollten etwas miteinander zu tun haben und logisch aufeinander aufbauen. Bei diesem Experiment geht es um die Tiere im Wasser.

Welche Tiere leben im Wasser? An dieser Stelle können die Gedanken der Kinder zu Tieren am Wasser aufgenommen oder in die Runde gebracht werden, indem beispielsweise von Wasserläufern erzählt wird. Vor allem in Städten wird es zunehmend schwierig, unterschiedliche Tiere in ihrem natürlichen Lebensraum zu beobachten. Wenn das möglich ist, sollten Sie es aber tun und mit den Kindern über diese Tiere sprechen. Man kann das Gespräch dann von den großen bekannten Tieren (Fisch, Ente ...) auf die Lebewesen lenken, die nicht so offensichtlich sind.

a) Untersuchen Sie zusammen mit Kindern das Blumenwasser. Verwenden Sie dazu Lupen und Mikroskope.

Hinweis

Dazu geben Sie mit der Pipette kleine Tropfen aus der Vase auf einen Objektträger und betrachten Sie sie zunächst mit der Lupe. Lupen haben selten eine stärkere Vergrößerung als das 20-fache. Damit sind nur größere Schwebeteilchen im Wasser zu sehen.
Interessanter wird es unter dem Mikroskop, das Vergrößerungen um den Faktor 500 bis über 1000 ermöglicht. Bei einer Vergrößerung um den Faktor 1000 kann man lebendige Mikroorganismen im Wasser sehen, kleine Würmer, Algen, Geiseltierchen. Das Mikroskop steht in dieser Experimentierreihe nicht im Zentrum. Daher würde hier den Kindern nur dessen Handhabung gezeigt und nicht weiter auf die Funktionsweise eingegangen. Wenn die Kinder Schwierigkeiten haben, ihr Objekt scharf zu stellen, wird ihnen diese Arbeit vor Ort abgenommen.
Die Kinder können schnell sehen, wie sich in dem Wassertropfen die unterschiedlichen Tierchen bewegen. Im Regelfall finden das die Kinder sehr erstaunlich und interessant. Sie sollten den anderen Kindern, die momentan nicht durch das Mikroskop schauen können, sagen, was sie sehen. Die Kinder sollten in kurzen Wechseln alle immer wieder durch ein Mikroskop schauen können.
Nach einem ersten Austausch werden die Kinder ermuntert, das, was sie sehen, zu zeichnen. Dabei soll es nicht um eine fotografische Perfektion gehen. Die Kinder können Forscher spielen, die ihre bahnbrechenden Erkenntnisse dem Rest der Welt vermitteln wollen. Anschließend werden die Zeichnungen an einer Pinnwand präsentiert.

b) Legen Sie auch andere Dinge unter das Mikroskop: Papier, Haare, Federn. Beobachten Sie möglichst genau und versuchen Sie Ihre Beobachtungen zu verbalisieren und in Zeichnungen zu dokumentieren.

c) Arrangieren Sie eine Ausstellung Ihrer Beobachtungen und Zeichnungen.

Jmpuls 11: Naturwissenschaftliche Zusammenhänge erklären

Bd 2, LF 4
Kap. 9.2

Eigentlich hätte heute ein ruhiges Angebot stattfinden sollen. Nadine wollte aus einem Bilderbuch vorlesen und anschließend mit den Kindern darüber sprechen. Nun hat ihr der Hausmeister einen Strich durch die Rechnung gemacht. Immer wenn er kommt, sind die Kinder ganz aus dem Häuschen und lassen ihn nicht mehr aus den Augen. Er trägt immer eine große Werkzeugkiste mit sich herum, dreht an allen möglichen Schrauben und Hähnen und öffnet Türchen und Klappen, wo niemand welche vermutet hätte. Geschweigedenn, dass man wüsste, wozu die Dinge dahinter gut sind.

Manchmal macht er Scherze mit den Kindern. Vor allem die älteren Kinder lässt er meistens zusehen, wenn er etwas repariert. Nur wenn zu viele Kinder herumwuseln setzt einen sehr strengen Blick auf und sagt, es wäre jetzt zu gefährlich.

Der Anlass heute ist etwas unangenehm. Das Waschbecken im Gruppenraum ist verstopft. Die Kinder hatten schon bemerkt, dass das Wasser nicht mehr abläuft. Dabei sah das Becken ganz ordentlich aus. Nach dem gestrigen Angebot, bei dem sie mit Gipsbinden Masken gemacht hatten, hatten sie das Waschbecken auch fleißig geputzt.

Diesmal hat der Hausmeister keinen Werkzeugkoffer dabei, sondern einen Eimer und eine lange Drahtspirale. Er öffnet das Schranktürchen unter dem Waschbecken. Dort ist ein gebogenes Rohr. Darunter stellt er den Eimer und schraubt dann mit ein paar schnellen Griffen einen Bogen vom Rohr ab. Und schon läuft ein Schwall Wasser in den Eimer. Dann schaut er sich den Bogen an und zeigt ihn den Kindern. Die sehen schnell, dass der Bogen mit einem weißen, körnigen Pfropfen verschlossen ist, der kaum noch Wasser durchlässt. „Da habt ihr wohl gestern fleißig eure Gipsschalen und Hände gewaschen. Das müsst ihr künftig immer in einem eigenen Eimer machen. Aber wir haben Glück gehabt. Der Rest vom Rohr scheint sauber zu sein. Da brauche ich meine Spirale nicht.“

Die Kinder haben aufmerksam zugeschaut und vieles beobachtet. Nun löchern sie Nadine mit Fragen:

Warum ist überhaupt dieser Bogen im Abflussrohr? Wenn der nicht wäre hätte sich doch auch dieser Dreck nicht ansammeln können. Und wie konnte der Gips zu so einem Pfropfen hart werden? Der war doch immer unter Wasser. Da kann er doch nicht trocknen. Wieso meinte der Hausmeister, wir hätten Glück gehabt? Und woher kam dieser unangenehme Geruch? Wo geht denn das Abwasser eigentlich hin, wenn es im Rohr in der Wand verschwindet? Und wo kommt das Wasser im Hahn eigentlich her? ...

1 Erkunden Sie die Umgebung Ihrer Schule und Ihrer Praxisstelle. Gibt es große Baustellen mit Tiefbau- oder Straßenarbeiten? Besuchen Sie ein Wasserschloss, einen Hochbehälter, ein Wasserwerk, eine Kläranlage ... Lassen Sie sich wenn möglich diese Anlagen erklären.

a) Erklären Sie diese Dinge Ihren Mitstudierenden.

b) Sammeln Sie Fragen der Kinder in Ihrer Praxisstelle zu naturwissenschaftlichen Themen. Tragen Sie diese Fragen in Ihrem Kurs zusammen. Ordnen Sie sie nach Themengebieten.

c) Suchen Sie Antworten auf diese Fragen.

d) Finden Sie Experimente, die zu diesen Fragestellungen passen.

Erklärungsmuster

, LF 4
5, 9.1

2 Befassen Sie sich mit den typischen Entwicklungsstufen, die Kinder im Kindergarten und in der Grundschule durchlaufen. Achten Sie auf kognitive, motorische, soziale und sprachliche Fähigkeiten.

3 Beobachten Sie in Ihrer Praxis gezielt einzelne Kinder. Tauschen Sie Ihre Beobachtungen in der Gruppe aus. Was können Sie von dem jeweiligen Kind erwarten? Was würden Sie ihm zumuten? Was kann es leisten? Wie könnten Sie den entsprechenden Entwicklungsschritt am besten fördern?

4 Versuchen Sie sich gegenseitig in der Gruppe verschiedene naturwissenschaftliche Phänomene zu erklären oder verstehbar zu machen. Verfolgen Sie dabei unterschiedliche Strategien und tauschen Sie sich darüber aus, welche wohl für welche Altersgruppe oder für welchen Zusammenhang am günstigsten wäre.

Dabei können Sie:

- **vergleichen** (suchen Sie vertrautere Erfahrungen, die auf demselben Phänomen beruhen)
- etwas **zeigen**, auf etwas hinweisen (Was ist der entscheidende Punkt?)
- weitere **Experimente** zum Thema durchführen, die die Zusammenhänge erfahrbar machen
- **vermenschlichen** (zwei Menschen finden sich „anziehend“ oder „abstoßend“, Zucker auflösen)
- **visualisieren** (Schaubild, Plakat)
- Anwendungen einer **Gesetzmäßigkeit im Alltag** suchen
- **zeichnen und malen** (das, was man sieht oder was man erfahren hat)
- mit den Kindern etwas **tun** (Gleichgewicht oder wiegen auf einer Wippe erfahren, schaukeln)
- etwas auseinander bauen und **zerlegen** und wieder zusammensetzen (einfache mechanische Geräte)
- ein **Modell** verwenden oder **bauen**
- **Messinstrumente** selbst bauen (Gummi-Waage, Barometer)
- **Hypothesen** bilden und überlegen, wie man sie überprüfen könnte

Hinweis

Günstig ist es, wenn Kinder Antworten auf ihre Fragen selbst finden können. Dazu brauchen sie manchmal Hilfe. Die Hilfestellungen und Erklärungen sollten dem Thema und dem Entwicklungsstand und der Leistungsfähigkeit des Kindes angepasst sein und es nicht überfordern.
Kindliche Fragen zielen nicht auf allumfassende Erkenntnis. Sie zielen auf Verständnis und Orientierung. Entsprechend kann man Sachverhalte vereinfachen, sollte sie aber nicht verfälschen. Viele Antworten werfen mehr Fragen auf, als vorher da waren. Die Fragen sind es dabei, die uns weiter bringen. Machen Sie die Dinge und Vorgänge im Umfeld der Kinder frag-würdig. Und würdigen Sie die Fragen.
Bei vielen Phänomenen ist es einfach wichtig und spannend, dass man sie kennt. Dabei kann es darum gehen, dass die jeweiligen Zusammenhänge einerseits sehr abstrakt sind. So ist es relativ einfach, eine Solarzelle an einen kleinen Motor anzuschließen, damit der dann in der Sonne läuft, aber es ist sehr schwierig zu erklären, was in dieser Solarzelle eigentlich geschieht, warum Strom fließt und was Strom letztlich ist.
Oder aber es geht um Phänomene, die noch niemand so richtig verstanden hat. „Was ist die Zeit?“ fragt Augustinus „Soll ich es erklären, so kann ich es nicht.“ Im Grunde kann das bis heute noch niemand. Und doch gehen wir selbstverständlich damit um, messen sie und führen unsere Terminkalender. Aber was messen wir eigentlich mit einer Uhr?
Philosophieren Sie mit den Kindern sprichwörtlich über Gott und die Welt. Spielen Sie in Gedanken mit den Kindern das Spiel „Was wäre wenn ...?“.

Der Alltag als Forschungsgebiet

5 Durchsuchen Sie Ihre Umgebung nach elementaren Erfindungen. Wo kommen Räder zur Anwendung, wo Hebel, Keile, die schiefe Ebene, Zahnräder, Ketten, Züge, Getriebe, Winden, Federn, ... ?

6 Untersuchen Sie Spielzeuge daraufhin, inwieweit verschiedene Funktionsprinzipien und Erfindungen dort zum Einsatz kommen.

a) Beobachten Sie Kinder daraufhin, ob sie auch verstehen, wie ein Spielzeug funktioniert, oder ob sie es lediglich verwenden können. Können die Kinder trickreich mit dem Spielzeug umgehen? Finden Sie neue Verwendungen, bei denen die ursprüngliche Funktionalität eine Rolle spielt?

- Testen die Kinder Spielzeuge aus? Versuchen sie herauszubekommen, was alles mit dem Spielzeug möglich ist? Gehen sie an die sinnvollen Grenzen des Machbaren? Wissen die Kinder, wann ein Spielzeug kaputt gehen wird und beachten sie diese Grenze?

- Steht den Kindern Spielzeug zur Verfügung, welches auch gewissen Belastungen stand hält?

- Haben die Kinder Interesse an Spielzeugen, denen unterschiedliche Funktionsprinzipien und Erfindungen zugrunde liegen?

- Verwenden die Kinder in ihrem Spiel ihr Wissen um naturwissenschaftliche Zusammenhänge (Erfahrungen zur Statik beim Türme bauen, Papierflieger bauen, Magnete einsetzen, Boote bauen können, über eine Rampe fahren, eine Schubkarre verwenden, hebeln, Sandburg bauen, auf Strümpfen über den Boden schlittern, die Sonne mit einem Spiegel reflektieren, sich anschleichen, Werkzeuge effektiv einsetzen können, ...)

- Zeigen die Kinder Interesse an der Funktionsweise alltäglicher Gegenstände? (Kugelschreiber auseinander bauen, Spitzer, Zahnpastaspender, Briefwaage, Schere, Säge, Verschlüsse, Schrauben, Schalter, Scharniere, ...)

- Welche Beobachtungen machen die Kinder in ihrer Umgebung? Was fällt den Kindern auf? Untersuchen sie Pflanzen, interessieren sie sich für verschiedene Tiere? Beobachten Sie das Wetter? Haben sie Freude an ihren Beobachtungen und daran, sie anderen mitzuteilen?

b) Sammeln Sie Fragen, die Kinder zu naturwissenschaftlichen Zusammenhängen stellen und sammeln Sie auch Erklärungen, die Kinder zu unterschiedlichen Phänomenen abgeben.

c) Tragen Sie in der Gruppe Ihre Beobachtungen und Sammlungen zusammen und bewerten Sie sie.

7 Untersuchen Sie mit einer Gruppe von Kindern, die schon Fahrrad fahren können, ein Fahrrad. Dort kommen sehr viel mehr raffinierte Erfindungen zur Anwendung, als hier dargestellt sind.

Prüfen Sie das Fahrrad auf seine Verkehrssicherheit:

Suchen Sie alle Federn am Fahrrad …

Es gibt unterschiedliche Arten von Bremsen. Welche ist an dem Fahrrad und welche Vor- und Nachteile hat sie?

An einem Fahrrad werden von unterschiedlichen Orten Kräfte auf einen anderen Ort übertragen, z.B. vom Schalthebel am Lenker zur Gangschaltung am Hinterrad. Die dazu notwendigen Drähte kommen in flexible Röhrchen. Warum eigentlich?

Eine Klingel hat manchmal viele Einzelteile. Schrauben Sie sie auseinander und wieder zusammen.

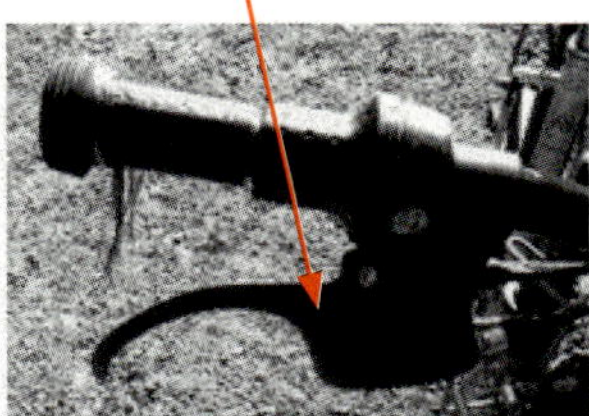

Untersuchen Sie die Kette. Wie funktioniert sie? Wer hat diese Art von Kette erfunden?

Das Gewinde an den Pedalen hat eine Besonderheit …

Wozu dient dieses Bauteil?

Licht und Dynamo haben eine Verbindung. Verfolgen Sie mit den Kindern die Leitungen.

Wer hat eigentlich den Reflektor erfunden? Bekommen Sie heraus, wie er funktioniert und wo er überall eingesetzt wird? Beispielsweise an Lichtschranken …

In diesem Rad stecken noch viele weitere Erfindungen:
Woher kommt Gummi?
Seit wann gibt es Speichen?
Wieso hat ein modernes Rad einen Schlauch?
Wozu dient das Ventil und wie funktioniert so etwas überhaupt?
Wenn Sie einen platten Reifen haben, reparieren Sie ihn.
Wieso wird die Pumpe eigentlich warm beim Aufpumpen?

Welche Materialien werden für so ein Fahrrad verwendet?

Jmpuls 12: Dokumentieren

Bd 2, LF 4
Kap. 9.4

Ercan und Susanne sind in einem Praktikum an dieselbe Einrichtung gekommen. Es ist ein dreigruppiger Kindergarten am Rande ihrer Stadt, der in einem eigenen Gebäude mit zwei Etagen untergebracht ist. Zur Einrichtung gehört ein großes Außengelände.

Bei der Begrüßung durch ihre Anleiterinnen werden sie zusammen durchs Haus geführt und mit der derzeitigen Situation vertraut gemacht. „Auf der Wiese da drüben hat ein Verein eine Start- und Landebahn für Segelflieger eingerichtet“ erzählt ihre Anleiterin. „Seitdem sind unsere Kinder ganz fasziniert von allem was fliegt. Sie verstehen nicht, wie so ein schweres Flugzeug so lange in der Luft bleiben kann. Offen gesagt: Wir wissen das auch nicht so genau. Aber wir haben mit den Kindern schon einige Papierflieger gebastelt. Das fanden die ganz toll. Sie wollen aber mehr. Nun haben wir in unserem Team eine Arbeitsgruppe gebildet, die ein Projekt für die Kinder vorbereiten soll zum Thema ‚Luft und fliegen‘. Es wäre schön, wenn ihr beide mitmachen würdet und ein paar Ideen beisteuern könntet.“

„Dann sollten wir uns mal schlau machen“ bemerkt Ercan auf dem Rückweg im Bus. Susanne macht ein etwas ratloses Gesicht. „Na, lass uns bei einer Bibliothek aussteigen und mal nachforschen, wann etwas fliegt. Oder wenigstens nur noch langsam herunter fällt.“ Am Abend haben die beiden eine Reihe von Experimentierbüchern durchgeblättert und eine Liste in der Hand, auf der eine Reihe von Ideen gesammelt ist, die sie eventuell mit den Kindern umsetzen könnten.

- Papierflieger falten (kennen die Kinder schon)
- Pusterohre bauen
- Luftballons mit Helium füllen
- Heißluftballon
- Fallschirm
- Konvektionsströme, warme Luft steigt auf …
- Propeller
- Luftwiderstand
- Ahornsamen untersuchen … und Papiermodell nachbauen, Hubschrauber
- Wasserrakete bauen
- Barometer (Luftdruckmessgerät)
- Luftballonrakete
- Dädalus+Jkarus
- Bumerang
- Katapult
- Kerzenversuch, Luftverbrauch
- Drachen bauen und steigen lassen
- Tiere, die liegen können: wie machen die das?
- Ventilator, Föhn
- Windräder
- Anemometer (Windmessgerät)
- Luft wiegen
- Vogelfedern untersuchen
- Hygrometer (Luftfeuchtigkeitsmessgerät) … auf wieviele Arten man so etwas bauen kann!
- Wind, Luftzug
- Luft dehnt sich aus, wenn sie warm wird
- Schallkanone
- Löwenzahn … Verbreitung von Samen
- Gegenwind … Fahrradtour
- Gerüche
- Lungenvolumen bestimmen
- Geschichten: Schneider von Ulm, Otto Lilienthal, Brüder Wright, Leonardo da Vinci …

1 Erweitern Sie diese Liste und ordnen Sie die Experimente in verschiedene Kategorien. Welche Experimente gehören zusammen, weil sie ein ähnliches Phänomen untersuchen? Welche sind kompliziert oder einfach? Welche lassen sich nicht umsetzen?

Bd 2, LF 4
Kap. 9.1

a) Wählen Sie aus der Liste für die Situation und für das Thema der Kinder fünf geeignete Versuche aus. Besprechen Sie die Auswahl in Ihrer Gruppe.

Hinweis

Naturwissenschaftliche Bildung im Kindergarten bedeutet nicht, die anerkannten Methoden des Erkenntnisgewinns abstrakt zu vermitteln, sondern in konkretem Tun und als Vorbild den Kindern vertraut zu machen. Dazu gehört, dass man das, was man getan und erfahren hat, in irgendeiner Form festhält und für andere nachvollziehbar macht. Dieses Vorgehen dient schließlich auch der Metakognition, dem Sich-Bewußtmachen des Erfahrenen.

Aber: Welches sind angemessene Formen für eine Dokumentation? An der Wahl der jeweiligen Dokumentationsform hängen eine Reihe unterschiedlicher methodisch-didaktischer Überlegungen:

- Was können die Kinder selbst machen? Wie alt sind die Kinder?
- Wie können sie aktiv werden?
- Was macht ihnen Spaß?
- Welche Dokumentationsformen sind anschaulich? Was passt zum Thema?
- Wie können Versuch und Ergebnis am besten festgehalten werden?
- Welcher Zeitaufwand ist möglich? Welcher wäre notwendig? Können sich die Kinder darauf noch konzentrieren?
- Welcher Materialaufwand ist gerechtfertigt?
- Welche (auch technischen) Möglichkeiten stehen überhaupt zur Verfügung?
- Welche Technik können die Kinder beherrschen? Welche beherrschen die ErzieherInnen?
- Die wenigsten Kinder im Kindergarten können lesen und schreiben. Welche Möglichkeiten der Visualisierung gibt es?
- An welcher Stelle des Angebots oder des Experimentes soll dokumentiert werden?
- Soll ein bestimmtes Kind oder ein Erwachsener diese Aufgabe übernehmen?
- Wie sind die Präsentationsmöglichkeiten?
- Wer pflegt und aktualisiert die jeweiligen Dokumentationen?
- Wie werden Sie ausgewertet?

...

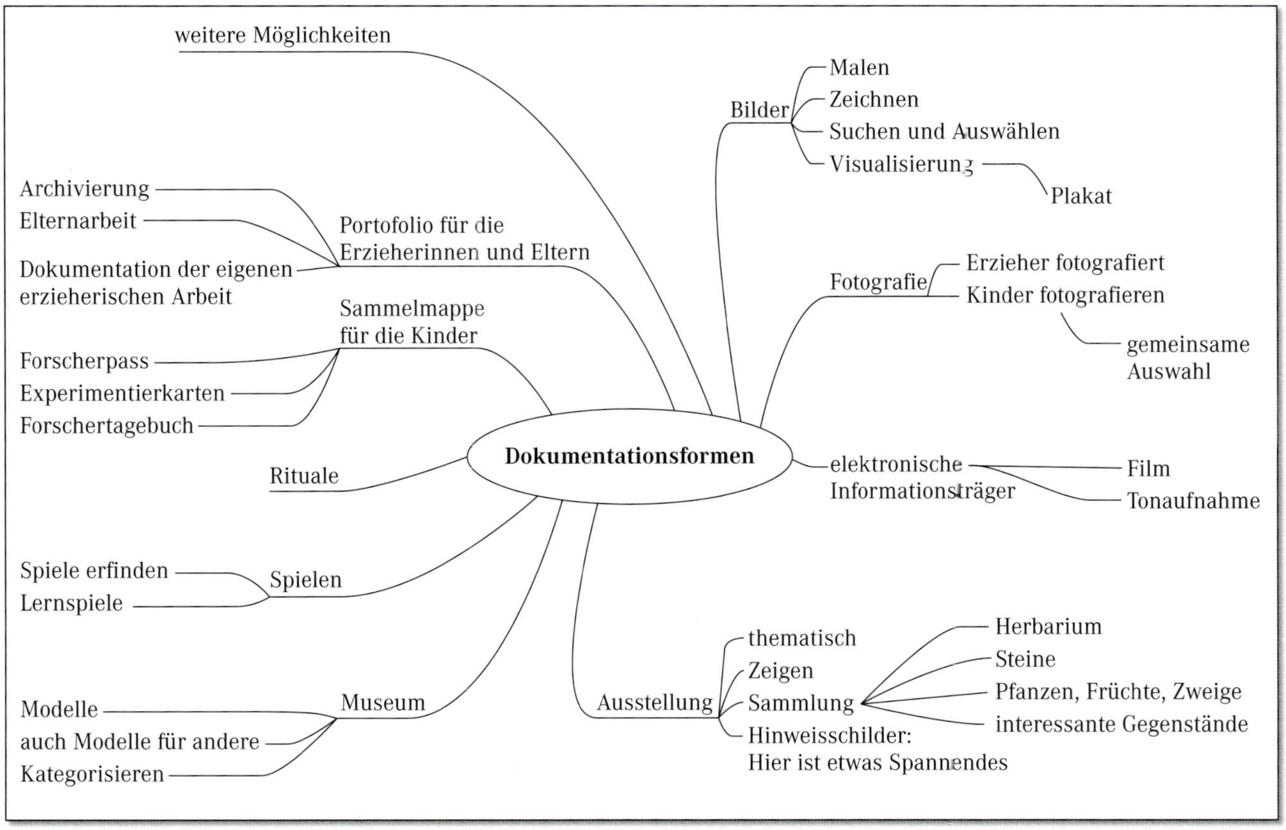

b) Überlegen Sie für Ihre zusammengestellten Experimente geeignete Dokumentationsformen und erproben Sie sie.

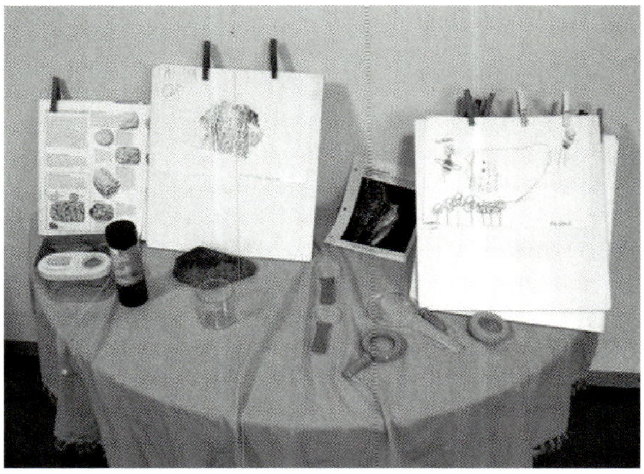

Beispiel 1: Hier haben Kinder mit Lupen kleine Tiere und Steine untersucht und ihre Beobachtungen aufgezeichnet. Die Erziehrinnen haben schließlich alles auf einem Tisch zu einem kleinen **Museum** zusammengestellt. Dieser Tisch wird regelmäßig für die aktuellen Forschungen verwendet.

Beispiel 2: Die Kinder hatten sich mit Tieren beschäftigt und waren im Wald, um dort Tiere zu beobachten. Im Wald wurden unterschiedliche Pflanzenmaterialien gesammelt.

Wieder in der Einrichtung wurde mit den Kindern besprochen, was alles zu einem Tier gehört: der Kopf mit Ohren, Augen, Maul, der Hals, der Rücken, Mähne und Haare, vier Beine, der Schwanz. Offensichtlich ging es um Säugetiere.

Abschließend machten die Kinder mit den mitgebrachten Naturmaterialien entsprechende Tier**collagen**.

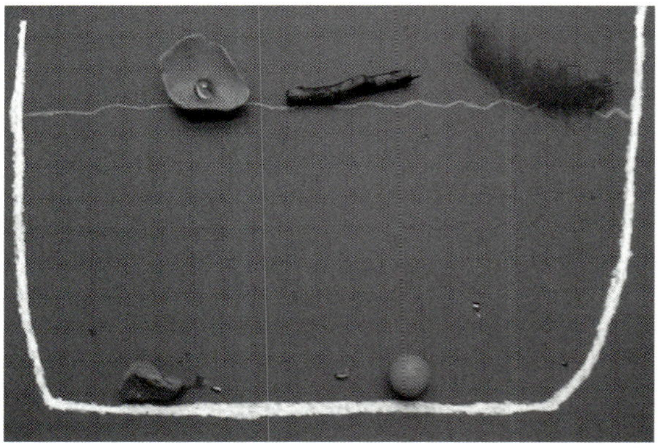

Bespiel 3: Auf diesem Plakat haben Kinder festgehalten, was schwimmt und was nicht und wie man etwas Schweres zum Schwimmen bekommen kann.

Wie ist es eigentlich möglich, dass ein Schiff aus schwerem Stahl schwimmt?

Beispiel 4: **Fotografieren** ist nicht immer ganz einfach. Man muss es üben. Manchmal entscheiden Sekundenbruchteile darüber, ob man den entscheidenden Effekt eingefangen hat oder nicht.

Viele Kameras haben zwar einen Autofokus. Trotzdem sollte man dafür sorgen, dass man günstige Lichtverhältnisse hat und der Hintergrund nicht zu sehr stört. Mit Digitalkameras haben die wenigsten der größeren Kinder Schwierigkeiten. Sie haben auch den Vorteil, dass man die gemachten Bilder sofort zur Verfügung hat und zusammen mit den Kindern betrachten kann.
Rechnen Sie damit, dass vor allem dann, wenn der gezielte Einsatz einer Kamera für die Kinder neu ist, zunächst auch sehr viel fotografiert wird, was mit den Experimenten weniger zu tun hat, als mit dem dazugehörigen Erlebnis.

Beispiel 5: Manches ist nicht ganz einfach zu **malen**. Aber es lohnt sich, genau hinzusehen.
Welche Farben hat ein Regenbogen und in welcher Reihenfolge kommen sie? Sind es dieselben, wie auf einer CD und haben Sie dieselbe Reihenfolge?

Beobachten und zeichnen sind selbst Methoden der Forschung.

Hinweis

Viele Experimente sind Tüftelarbeit und bedürfen einer genauen Vorbereitung. Sie müssen selbst wissen und den Kindern sagen und zeigen können, worauf es ankommt. Beispielsweise funktioniert dieses Barometer nur, wenn die Luftballonmembran sehr dicht am Glas abschließt (Glyzerin) und wenn sie sehr gut gespannt ist.
Es ist auch sinnvoll, den Zeiger auf einer Achse zu lagern, die auch auf dem Glasrand aufliegen sollte.
Wenn man allerdings weiß, worauf es ankommt, kann man mit sehr einfachen Mitteln schnell und effektiv improvisieren.

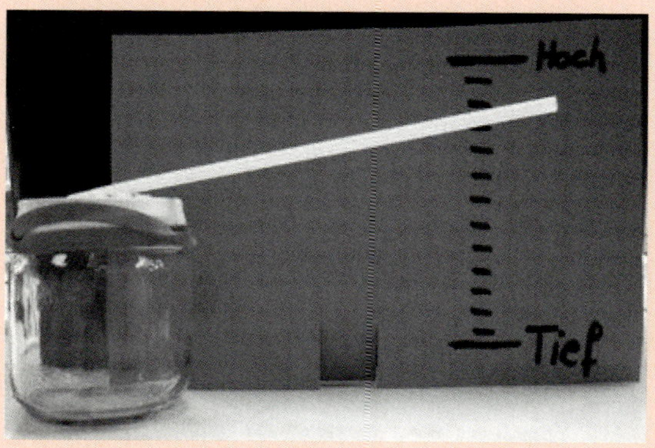

2 Bereiten Sie die unter Aufgabe 1 ausgewählten Versuche so vor, dass Sie sie mit einer Gruppe von maximal sechs Schulanfängerkindern durchführen können.

a) Setzen Sie sich mit den jeweiligen naturwissenschaftlichen Sachverhalten auseinander. Versuchen Sie, die zugrundeliegenden Prinzipien zu verstehen. Überlegen Sie sich angemessene Erklärungen.

b) Überlegen Sie Denkanstöße und Impulse für die Kinder. Bilden Sie Hypothesen oder stellen Sie Vermutungen an, die Sie im Versuch jeweils überprüfen könnten.
Planen Sie die Experimente. Gestalten Sie den Arbeitsplatz, bereiten Sie die Materialien vor und planen Sie für die jeweiligen Versuche auch sinnvolle Dokumentationen.

c) Führen Sie die Versuche dann selbst durch und testen Sie Ihre Überlegungen und Vorbereitungen auf deren Brauchbarkeit hin.

d) Wenn Sie die Möglichkeit haben, die Versuche mit Kindern durchzuführen, sollten sie das ebenfalls tun. Beobachten Sie die Kinder dabei. Nehmen Sie falls möglich das Angebot mit einer Videokamera auf. Reflektieren Sie das Angebot schließlich in Ihrer Planungsgruppe.

3 Bilden Sie Gruppen und erstellen Sie ein umfangreiche Liste mit möglichen Experimenten zu einem der Themen: Körper, Wasser/schwimmen, Wetter, Licht, Kräfte/Kraftübertragung, Magnetismus, ... Sprechen Sie sich so ab, dass keine Doppelungen entstehen. Gehen Sie in Ihren Gruppen dann entsprechend Aufgabe 1 vor. Dokumentieren Sie Ihre Experimente.

a) Bilden Sie dann neue Gruppen in der Art, dass in jeder Gruppe ein Fachmann der ursprünglichen Gruppe ist (Gruppenpuzzle). Führen Sie dann jeweils ein bis zwei Experimente mit der neuen Gruppe durch.

b) Besprechen Sie den Verlauf, die Erklärungen und die Dokumentation im Plenum. Suchen Sie verschiedene praktikable Lösungen.

4 Legen Sie sich jeweils einen eigenen Ordner an, in dem Sie die Experimente und Dokumentationen (wenn möglich) sammeln. Fotografieren Sie Modelle oder Ergebnisse. Sichern Sie sich so ein umfangreicheres Repertoire an Experimenten und naturwissenschaftlichem Verständnis.

Jmpuls 13: Faszination Spracherwerb

Bd 2, LF 4
Kap. 6.1,
6.2

1 Sammeln Sie Assoziationen zu diesem Bild.

2 **Wahrnehmungsübung**

(in Anlehnung an: Sozialpädagogisches Institut NRW – Landesinstitut für Kinder, Jugend und Familie (Hrsg.): R. Fuchs, Ch. Siebers: Sprachförderung von Anfang an – Arbeitshilfen für die Fortbildung von pädagogischen Fachkräften in Tageseinrichtungen für Kinder. Köln 2002, S. 25/26)

a) Schließen Sie die Augen. Die Lehrkraft verteilt unterschiedlich geformte Steine, die möglichst viel Raum für Interpretationen lassen. Besonders einprägsam ist die Übung, wenn die Steine Überraschungen bergen.

- Welche inneren Bilder, Vorstellungen oder Erinnerungen ruft der Stein nun in Ihnen wach? Lassen Sie diese Bilder auf sich einwirken, spüren Sie Ihren Gedanken nach.

Öffnen Sie dann die Augen wieder, und überprüfen Sie Ihre Vorstellungen mit der Realität.

b) Reflexion: Welche Wahrnehmungen und Lernerfahrungen haben Sie gemacht? Schreiben Sie Ihre Wahrnehmungen in die „Steine" hier.

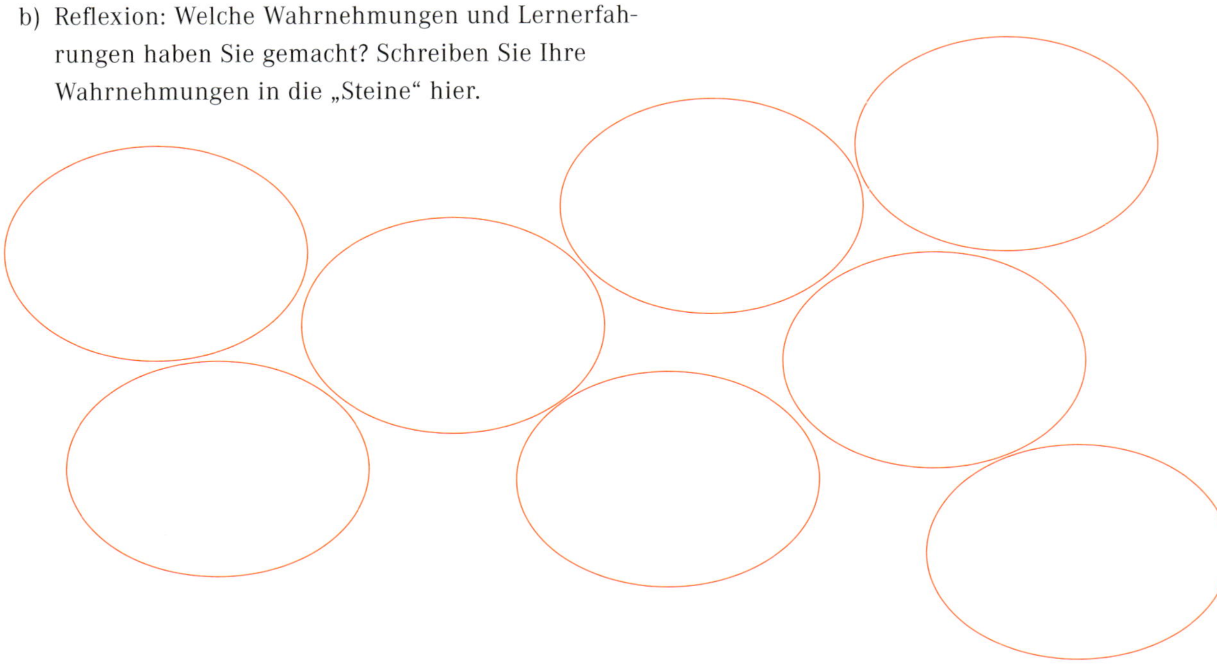

3 Setzen Sie sich zu zweit zusammen. Interviewen Sie sich gegenseitig zu Ihren Erfahrungen bei Aufgabe 1 und 2. Beachten Sie folgende Schwerpunkte:

a) Was haben Sie getan? Welche Denk- und Wahrnehmungsleistungen mussten Sie erbringen, um schließlich zu Ihren Ergebnissen zu gelangen und davon erzählen zu können?

Hinweis

Ihre Sprache ist zum Begriff gewordene Wahrnehmung.
Während des gesamten Prozesses haben Sie unablässig Ihre Wahrnehmung bewertet: Sie haben den realen Stein, evtl. seinen Geruch oder die Szenen und Erinnerungen, die er ausgelöst hat, z.B. als angenehm oder unangenehm empfunden. Diesen Prozess nennt man sinngebende Wahrnehmungsverarbeitung. Ihr Gehirn gibt den Sinneswahrnehmungen einen persönlichen Sinn, interpretiert sie vor dem Hintergrund Ihrer Erinnerungen, Interessen und Haltungen. (vgl. Fuchs/ Siebers, S. 26).

b) Welche Ihrer Erfahrungen müssen auch Kinder machen, um eine Sprache (u.a. das Wort Stein) zu erlernen?

4 Fassen Sie Ihre Erfahrungen im Plenum zusammen. Stellen Sie die Bedeutung vielfältiger Wahrnehmungserfahrungen beim Spracherwerb anhand von Beispielen heraus.

–

–

–

–

–

–

LF 4 6.1, 6.2 **5** Lesen Sie die entsprechenden Kapitel und schauen Sie sich dazu den „Sprachbaum“ von Wendlandt im Internet an: www.spi.nrw.de/service/wiekinder.pdf. Fertigen Sie eine eigene Skizze zu dem Baum an und interpretieren Sie nun den „Sprachbaum“ anhand Ihrer obigen Überlegungen.

Methodenhinweis

Die Gruppenbildung kann durch Verteilung passender Symbolkarten erfolgen; Motive können Wurzeln, Sonne, Gießkanne ... sein.

6 Vergleichen Sie Ihre Erklärungen.

a) Markieren Sie farbig die Stellen, an denen eine Interaktion zwischen Kind und Erwachsenem oder anderen Kindern erforderlich ist, damit sich die unterschiedlichen Aspekte entwickeln können.

b) Entwickeln Sie ein kleines Rollenspiel: Stellen Sie eine typische Situation aus dem Kindergarten-Alltag dar, in der solche Interaktionen deutlich werden.

7 Präsentieren Sie die Rollenspiele.
Reflektieren Sie sie in Bezug auf die Voraussetzungen und Bedingungen des Spracherwerbs.

Hinweis

Der erwachsenen Person und ihrem Verhalten kommt eine besondere Bedeutung zu. Deshalb ist es nicht nur wichtig, Kenntnisse über die Sprachentwicklung bei Kindern zu haben, sondern sich auch mit seinem eigenen Sprachverhalten auseinander zu setzen.

8 Überprüfen Sie Ihre eigene Gesprächshaltung Kindern gegenüber.

Bd 2, LF 4
Kap. 6.3

a) Was sind günstige Verhaltensweisen?
Bedenken Sie neben dem sprachlichen Verhalten z.B. auch Ihre emotionale Haltung und Ihre Körpersprache.

b) Beurteilen Sie diese Verhaltensweisen für sich persönlich:

Welche Fähigkeiten besitze ich bereits? Haken Sie diese oben ab.

Welche Fähigkeiten möchte ich erwerben? Formulieren Sie daraus Ziele für Ihr nächstes Praktikum.

1.

2.

3.

c) Besprechen Sie mit Ihrer Praxisanleitung diese Ziele. Bitten Sie sie, Ihr Gesprächsverhalten einige Zeit zu beobachten und anschließend mit Ihnen zu reflektieren.

Impuls 14: Sprachentwicklung fördern

Eine Gesprächssituation im Kindergarten-Alltag:

Olga sitzt während ihres Praktikums im Kindergarten am Frühstückstisch. Zunächst hilft sie dem 1;5-jährigen Max. Max ruft: „Milch!“ und zeigt auf die Milchkanne. Olga erwidert: „Ja, darin ist Milch.“ Aber Max wiederholt drängend: „Milch!“, woraufhin Olga ihm etwas davon in seine Tasse schüttet. Max strahlt. Niclas (3;8 Jahre) beobachtet dies und sagt: „Wille auch haben.“ Olga: „Du möchtest auch Milch haben?“ Niclas antwortet mit einem zufriedenen Nicken.

Tom (5;11 Jahre) sitzt ebenfalls am Tisch und erinnert sich an den letzten Ausflug: „Auf dem Bauernhof gibt es Kühe – die geben Milch!“ Olga regt ein Gespräch darüber an. Sie fragt, wie denn die Milch vom Bauernhof zum Kindergarten kommt.

Tom und Sarah (4;0 Jahre) erzählen angeregt von ihren Erlebnissen. Tom weiß: „Wenn die Kühe gemolken werden, kommt die Milch in einen großen Tankwagen. Und dann fährt der in die Stadt.“ Sarah war beim letzten Einkauf für das Frühstück mit im Supermarkt: „Wir haben Milch gekauft. Und Wasser. Und ich durfte bezahlen.“ Niclas sitzt schweigend daneben und schaut bewundernd zu Sarah und Tom.

Als Olga ihn fragt, ob er auch schon mal im Supermarkt einkaufen war, antwortet er leise und zurückhaltend: „Auch in Upa kauft.“ Tom und Sarah reagieren nicht auf Niclas‘ Äußerung, sondern unterhalten sich weiter. Währenddessen ist Max intensiv mit seiner Tasse beschäftigt und ruft wieder: „Milch!“

Tom hat eine Idee und meint: „Komm Sarah, wir gehen gleich in die Bauecke und bauen einen Bauernhof und einen Stall mit vielen Kühen.“ Sarah will danach auch noch in der Puppenecke einkaufen gehen.

Kurz darauf sind die beiden in ihr Spiel vertieft. Niclas beobachtet die Situation schweigend vom Frühstückstisch aus.
Olga überlegt, ob und wie sie helfen kann.

Methodenhinweis

Zur Vorbereitung: Erstellen Sie entsprechend Ihrer Klassengröße kleine Zettel mit jeweils einem Namen der vier Kinder aus dem Fallbeispiel darauf, und falten Sie die Zettel zusammen. Jeder Kindername sollte möglichst in gleicher Anzahl vorliegen. Jede/r Studierende zieht dann einen Zettel.

1 Analysieren Sie jeder für sich den Stand und die Merkmale der Sprachentwicklung des auf dem Zettel erwähnten Kindes.

Kind: ______________________________

Analyse:

____

____

____

____

____

2 Die Studierenden, die das gleiche Kind analysiert haben, bilden eine Expertengruppe.

a) Vergleichen Sie Ihre Ergebnisse, klären Sie eventuelle unterschiedliche Meinungen, und einigen Sie sich, sodass jedes Gruppenmitglied zum Experten in Bezug auf das bearbeitete Kind wird.

b) Halten Sie zentrale Aussagen in der folgenden Tabelle in der Spalte Ihres Kindes fest, damit in der nächsten Arbeitsphase jedes Gruppenmitglied den Mitstudierenden der anderen Gruppen die Ergebnisse vermitteln und erklären kann.

	Analyse
Max (1;5)	
Niclas (3;8)	
Sarah (4;0)	
Tom (5;11)	

3 Bilden Sie neue Gruppen, die so zusammengesetzt sind, dass jeweils ein Experte für ein Kind vertreten ist.

a) Stellen Sie sich Ihre Ergebnisse nacheinander vor. Beginnen Sie mit dem jüngsten Kind. Klären Sie eventuelle Fragen und Zusammenhänge.

b) Vervollständigen Sie jeder die Tabelle zur Ergebnissicherung.

4 Einzelne Studierende stellen ihre Ergebnisse vor (mündlich/an der Tafel/auf Folie), möglichst in Bezug auf ein Kind, für das sie nicht selbst der Experte gewesen sind.

Diskussion: Ziehen Sie erste Schlussfolgerungen aus Ihren Ergebnissen.

Hinweis

Im Erzieheralltag bergen Analysen von Alltagssituationen und Beobachtungen die Gefahr einer vorschnellen und oft einseitigen Beurteilung durch die Erzieherin. Umfassendere, die ganze Person wahrnehmende Aspekte bleiben unbeachtet. Dem kann man vorbeugen, indem einmal versucht wird, die Perspektive zu wechseln und so die eigene Bewertung zurückzustellen.

5 Beschreiben Sie die Situation aus der **Ich-Perspektive** des auf dem Zettel genannten **Kindes**.

Folgende Fragen können Ihnen helfen, sich in das Kind hineinzuversetzen. Diese gelten nicht als starre Vorgabe, Sie können auch frei formulieren.

Wie verhält sich das Kind?
Wie fühlt es sich?
Was nimmt es wahr?
Welche Interessen hat es?
Was denkt es?
Was wünscht es sich?
Wie sieht es die anderen Personen?
Welche Bedürfnisse hat es?
Welche Befürchtungen hat es?

„ICH saß im Kindergarten ...

Welche Gedanken, Erinnerungen und Erfahrungen an kommunikative Situationen kommen Ihnen bei dieser Sichtweise in den Sinn?

6 Wiederholen Sie das methodische Vorgehen aus Punkt 3 und 4.

Erste Gruppenarbeitsphase (alle arbeiten mit dem gleichen Kind):

a) Lesen Sie sich gegenseitig Ihre Texte vor.

Tauschen Sie sich anschließend über zum Ausdruck kommende Gedanken, Interessen, Befürchtungen und Bedürfnisse des Kindes aus.

Fassen Sie diese Ergebnisse im folgenden Schema zusammen:

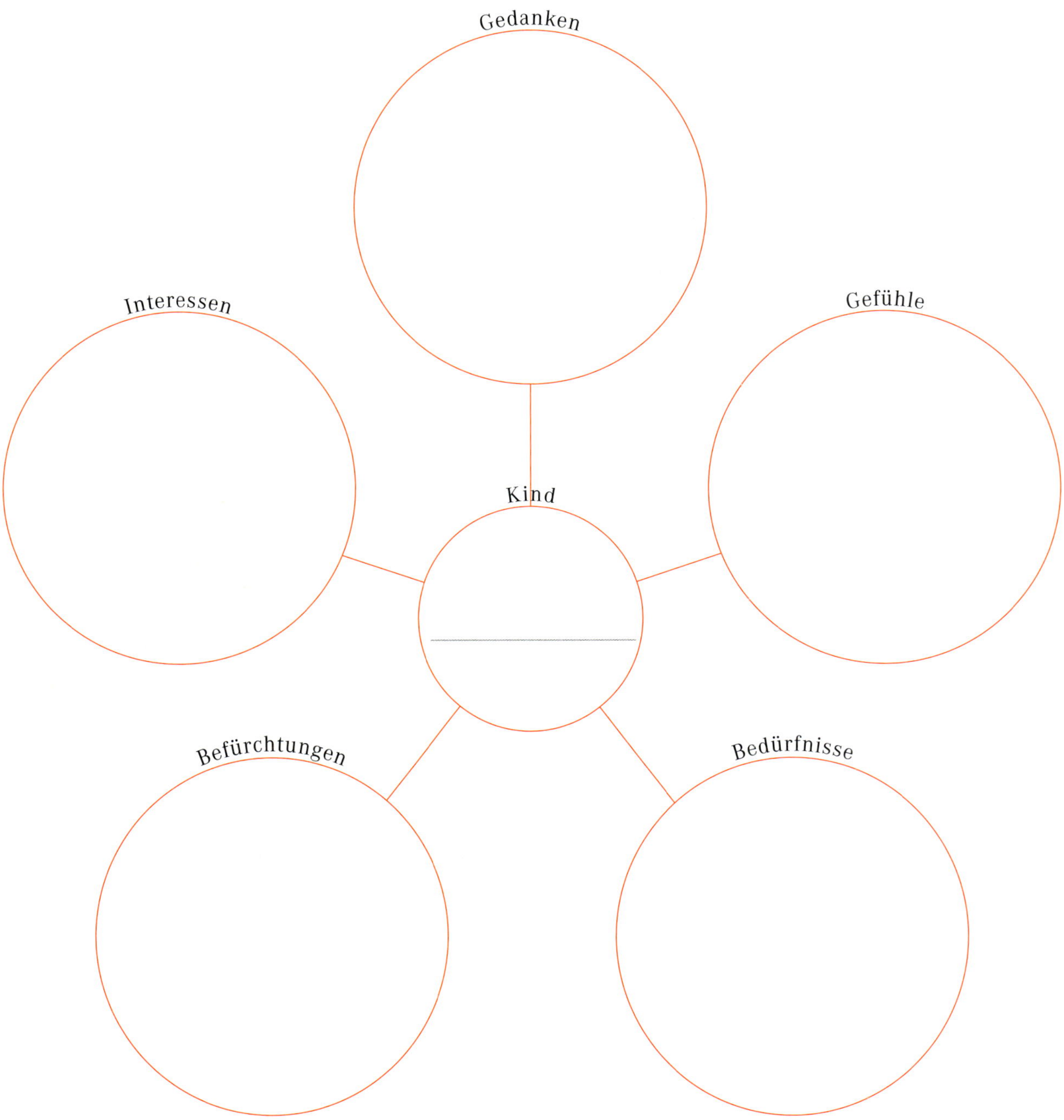

b) Bringen Sie nun Ihre eigenen Gedanken in Bezug auf Kommunikation ein: angenehme/ unangenehme Aspekte; ähnliche Situationen, die zufriedenstellend/weniger zufriedenstellend verlaufen sind.

Woran sollte man im Umgang mit dem Kind denken/was sollte man berücksichtigen?
Ergänzen Sie Ihr Schema dahingehend (um die Kreise herum).

Zweite Gruppenarbeitsphase (jeder arbeitet mit einem anderen Kind):

c) Stellen Sie sich die Ergebnisse der ersten Gruppenarbeitsphase vor.

d) Diskutieren Sie nach der Vorstellung der Ergebnisse:
- Welche Aspekte sind für die weitere sprachliche Entwicklung der Kinder unbedingt zu beachten?
- Welche Aspekte müssen Ihrer Meinung nach beim weiteren pädagogischen Handeln beachtet werden?

e) Stellen Sie diese Punkte farbig heraus, und notieren Sie sie anschaulich auf einem Plakat.

7 Hängen Sie die Plakate der Gruppen nebeneinander und vergleichen Sie im Plenum.

a) Diskutieren Sie ausgehend von diesen Ergebnissen, wie Sie pädagogisch aktiv werden können: Welche konkreten (zur Situation passenden) pädagogischen Handlungsmöglichkeiten fallen Ihnen ein?

b) Sammeln Sie Beispiele auf Karten, und heften Sie diese um die Plakate herum.

c) Übertragen Sie die Ergebnisse in Ihr Heft.

Jmpuls 15: Programme und ganzheitliche Konzepte zur Sprachförderung

Bd 2, LF 4
Kap. 6

Seit PISA und der Bildungsdiskussion im Elementarbereich hat die Sprachförderung neue Bedeutung erlangt, und es wurden viele unterschiedliche Programme, Projekte und Konzepte für die praktische Arbeit entwickelt. Aufgabe der Erzieher ist es letztendlich, sich für eine bestimmte Vorgehensweise zu entscheiden. Das Würzburger Programm, Forderungen der GEW und des DJI sind einzelne Beispiele:

Ausschnitt aus der Multimediaversion des Würzburger Programms:

Wortpaare 1

Vorgabe: 14 Wortpaare
Puppe - Puppe; Rahm - Raum; Lied - Lied; singen - sinken; aber - oder; Kirsche - Kirche; Bild - Bild; satt - Stadt; gehen - gegen; Nase - Hase; mit - mit; nehmen - nähen; Kasse - Katze; jetzt - jetzt

Spielablauf: Hanno sagt zwei Wörter und will von den Kindern wissen, ob diese Wörter ganz genau gleich klingen. Dann sollen die Kinder auf das Bild mit dem Daumen nach oben klicken. Sind es aber verschiedene Wörter, sollen sie auf den durchgestrichenen Daumen klicken, der nach unten zeigt. Ist ihre Antwort richtig, geht es gleich mit den nächsten beiden Wörtern weiter. Ist sie aber falsch, fragt Hanno noch einmal nach, ob die Wörter wirklich ganz genau gleich klingen bzw. ob man da wirklich einen Unterschied hört.
Achten Sie darauf, dass die Kinder genau auf die vorgegebenen Wörter hören und nicht einfach nur raten. Fordern Sie sie auch dazu auf, auf den Hamster zu klicken und sich die Wörter wiederholen zu lassen. Sie können die Kinder die Wörter auch selbst aussprechen lassen, bevor sie die Bilder anklicken. Als zusätzliche Hilfe können Sie die Wörter auch selbst noch einmal vorsprechen und dabei die Unterschiede stärker betonen. Wenn die Kinder den Unterschied nicht erkennen, können Sie zur Erklärung auch kurze Sätze mit den betreffenden Wörtern bilden (z. B. Das Kind singt, aber das Schiff sinkt.) Beim Wiederholen des Spiels können Sie bei geübten Kindern zusätzlich fragen, ob sie vielleicht auch schon hören können, worin sich die beiden Wörter unterscheiden.

Quelle: www.phonologische-bewusstheit.de/programm

Würzburger Programm: Übungseinheit 3: Sätze und Wörter

In dieser Übungseinheit sollen die Kinder lernen, dass das, was gesagt wird, in kleinere Einheiten aufgeteilt werden kann. Sie sollen so lange mit Sätzen und Wörtern spielen, bis sie wissen, dass die Sprache aus unterschiedlich langen Sätzen besteht, und dass diese Sätze ihrerseits wieder aus unterschiedlich langen Wörtern bestehen. Nach der Einführung der Begriffe „Satz“ (3.1) und „Wort“ (3.2) sollen die Kinder einzelne Wörter vorgesprochener Sätze mit Bauklötzen markieren (3.3), sie sollen Sätze durch ein Wort beenden (3.4), sie sollen die Länge von Wörtern beurteilen (3.5), und sie sollen Wörter zu längeren Wörtern zusammensetzen (3.6 und 3.7).

Es geht in der frühkindlichen Bildung nicht darum, in kurzer Zeit einzelne, zweifellos wichtige Kompetenzen zu testen und zu trainieren. Notwendig ist vielmehr ein übergreifendes Konzept von Bildung, Erziehung und Betreuung von Anfang an. (GEW, S. 5)

Auch die Beobachtung von Bildungsprozessen und deren Dokumentation dient nicht dem Aufspüren von Defiziten und deren Beseitigung. Es geht im Gegenteil um die Förderung von Begabungen und Ressourcen. (GEW, S. 5)

Sprachförderung darf deshalb nicht eine technische Reparaturmaßnahme sein, die als Ausgangspunkt allein die Defizite der Kinder hat und darauf zielt, sie systemfähig zu machen. (GEW, S. 17)

Bildung von jüngeren Kindern geht nicht durch Verabreichung vorbereiteter Lernhäppchen, die sich das Kind nur noch aneignen muss. Das wäre Training, aber keine Bildung. (GEW, S. 8)

Notwendig ist ein ganzheitliches, integriertes und aufeinander aufbauendes Gesamtkonzept sprachlicher und interkultureller Bildung. (GEW, S. 17)

Zitate aus: GEW (Gewerkschaft Erziehung und Wissenschaft): Sprache fördern – Bildung ganzheitlich entfalten. Frankfurt/ Main, 2007

Das Deutsche Jugendinstitut entwickelt zurzeit ein Konzept zur sprachlichen Förderung aller Kinder zwischen 3 und 6 Jahren in Kindertagesstätten (DJI: Sprachliche Förderung in der Kita. Verlag im Netz, 2006):
Dieses Konzept versteht Sprache als Querschnittsthema der pädagogischen Arbeit und folgt dabei einem ganzheitlichen Ansatz. Kernidee des Projektes ist es, Sprachförderung ganz konkret mit anderen Bildungsangeboten zu verbinden, nämlich mit Musik, Bewegung, Naturwissenschaften und Medien.

Zitat aus einem Informationsblatt des Deutschen Jugendinstitutes (DJI):

Hinweis

Das Würzburger Programm von Petra Küspert und Wolfgang Schneider soll der Vorbereitung auf den Erwerb der Schriftsprache dienen, u.a. durch Reimaufgaben, Silbenklatschen, Sätze in Wörter zerlegen. Das Training von sechs aufeinander aufbauenden Einheiten dauert 20 Wochen und verlangt regelmäßiges Üben für zehn Minuten pro Tag. Dieser Plan muss genau eingehalten werden. Dabei soll das Kind aber das Gefühl haben zu spielen.

1 Lesen Sie sich die Spielprogramme und Forderungen durch. Beachten Sie auch Kapitel 6.5 in Lernfeld 4, „Kein Kinderkram!“.

Welche Gedanken kommen Ihnen beim Lesen in den Sinn? Wie bewerten Sie die Anregungen?

2 Welche Formen von Sprachförderung (Konzepte, Programme, Spiele) haben Sie selbst bisher in der Praxis kennen gelernt?

Welche Erfahrungen haben Sie damit gemacht oder beobachten können?
Wie ist Ihre Meinung dazu? Welche finden Sie gut oder schlecht, sinnvoll, geeignet oder weniger geeignet?

Vergleichen Sie mit Ihren Überlegungen in Aufgabe 1.

Konzepte/Programme/Spiele	☺	☹

Methodenhinweis

Bilden Sie vier Vierergruppen/ fünf Fünfergruppen, ... , so dass im Idealfall die Gruppenanzahl gleich ist wie die Gruppenmitgliederzahl. Eventuelle Ungleichheiten, die sich oft nicht vermeiden lassen, müssen bei der Aufteilung zur Präsentation flexibel gehandhabt werden. Das größte Gruppenmitglied beginnt.

3 a) Stellen Sie Ihre Praxiserfahrungen in der Gruppe vor. Versuchen Sie, ein möglichst konkretes Bild zu vermitteln.
Erklären Sie gegebenenfalls unbekannte Konzepte. Erläutern Sie praktische Umsetzungsformen.

b) Die weiteren Gruppenmitglieder ergänzen Ihre Erfahrungen.

c) Diskutieren Sie, welche Vorteile und Nachteile Sprachförderung durch spezielle Programme oder durch ganzheitliche Konzepte hat.

d) Halten Sie Ihre Ergebnisse in der folgenden Tabelle fest.

e) Übertragen Sie die Tabelle für die Präsentation auf ein Plakat.

	Spezielle Sprachprogramme	Teil des Gesamtkonzeptes
Vorteile		
Nachteile		

f) Wählen Sie danach per Zufall ein Gruppenmitglied aus, das die Ergebnisse präsentiert. Die übrigen Gruppenmitglieder nehmen sich Papier und Stift.

4 „Einer bleibt, die anderen gehen"

An jedem Gruppentisch bleibt ein Studierender zur Präsentation.
Die Übrigen verteilen sich so, dass sich jedes Gruppenmitglied an einen unterschiedlichen Gruppentisch begibt. (Eventuell gehen mehrere aus einer Gruppe an den gleichen Tisch, wenn die Aufteilung nicht passt.)

a) Sie haben nun die Aufgabe, der Präsentation genau zu folgen und sich Notizen zu machen.

b) Kehren Sie danach mit Ihren Aufzeichnungen zur Ursprungsgruppe zurück und vermitteln den anderen Mitgliedern die Ergebnisse der jeweiligen Gruppe.

c) Im Plenum werden die Erkenntnisse aus der Arbeitsphase zusammengefasst und die Tabellen ergänzt.

5 Für viele Einrichtungen ist Sprachförderung als ganz normaler Teil ihres Alltags im Gruppengeschehen und im Konzept verankert. Trotzdem haben gerade diese Einrichtungen immer wieder das Problem, sich zu erklären und zu behaupten.
Damit ganzheitliche Förderung gelingen kann, haben Fuchs und Siebers Kategorien entwickelt, anhand derer eine Sprachförderung beschrieben und verankert werden kann, die nicht nur speziell ausgewiesen wird oder nur außerhalb der Gruppe stattfindet.

(in Anlehnung an: Sozialpädagogisches Institut NRW – Landesinstitut für Kinder, Jugend und Familie (Hrsg.): R. Fuchs, Ch. Siebers: Sprachförderung von Anfang an – Arbeitshilfen für die Fortbildung von pädagogischen Fachkräften in Tageseinrichtungen für Kinder. Köln 2002)

Methodenhinweis

Die Lehrkraft oder eine Studierende überträgt das vorgegebene Schema groß auf ein Plakat und hängt es für alle sichtbar auf.
Die Studierenden zählen bis sieben, und jeder Zahl wird eine Kategorie des Schemas zugeordnet.

a) Sammeln Sie zur Ihnen zugeordneten Kategorie **konkrete** Beispiele, Merkmale und Kriterien, an denen man erkennen kann, dass Sprachförderung im Alltag stattfindet.
Notieren Sie Ihre Gedanken auf Karteikarten (jeweils nur ein Aspekt pro Karte).

b) Vergleichen Sie Ihre Karten mit den Studierenden, die die gleiche Kategorie wie Sie bearbeitet haben. Sortieren Sie Doppelnennungen aus, und ergänzen Sie eventuell noch neue Ideen, die Ihnen in der Gruppe einfallen.

c) Heften Sie dann Ihre Karten auf das Plakat auf den äußeren Ring des Schemas.

d) Die Ergebnisse werden vorgestellt und erklärt. Diskutieren Sie Überschneidungen, Zusammenhänge, Verknüpfungsmöglichkeiten. Markieren Sie diese durch Pfeile.

e) Übertragen Sie zur Ergebnissicherung die wichtigsten Beispiele ins Schema Ihres Arbeitsheftes.

6 Konkrete Umsetzung des bisher Erarbeiteten: Hausarbeit

a) Vergegenwärtigen Sie sich noch einmal die Einstiegssituation von Impuls 14.

b) Entwickeln Sie nun ein umfassendes Konzept, wie Olga weiterhin die sprachliche Entwicklung der Kinder fördern kann. Bisherige Ideen aus Impuls 14 können Sie einbeziehen.

c) Strukturieren Sie Ihr Konzept sinnvoll, und begründen Sie Ihre Überlegungen fachlich anhand der bisher erarbeiteten Kriterien.

7 Bilden Sie Vierergruppen nach Neigung, und stellen Sie sich Ihre Konzepte vor.

a) Wählen Sie ein Konzept aus, das Ihrer Meinung nach die Kriterien besonders beachtet hat oder besonders kreative Ideen enthält.

b) Die ausgewählten Konzepte werden im Plenum vorgestellt und in Bezug auf die umgesetzten Kriterien bewertet.

Jmpuls 16: Werte vermitteln mit Harry Potter

Zitat 1:
(...) ich könnte der nächste sein, stimmt's? Aber wenn das so ist" sagte er grimmig (...) „dann werde ich dafür sorgen, dass ich so viele Todesser wie möglich mitnehme, und wenn ich es schaffe, Voldemort noch mit dazu." (Harry Potter und der Halbblutprinz, Joanne K. Rowling, 2005, S. 83)

Zitat 2:
„Was hat Dumbledore vor?" fragte Scrimgeour schroff.
„Wo geht er hin, wenn er nicht in Hogwarts ist?"
„Keine Ahnung", sagte Harry.
„Und Sie würden es mir auch nicht verraten, wenn Sie es wüssten", sagte Scrimgeour, „stimmt's?"
„Nein", sagte Harry, „das würde ich nicht tun."(...)
„Durch und durch Dumbledores Mann, das sind Sie doch, Potter?"
„Ja, das bin ich", sagte Harry. „Freut mich, dass wir das geklärt haben." (S. 350f)

Zitat 3:
(...) Romilda Vane fällt nichts besseres ein, als mich zu fragen, ob es stimmt, dass du ein Hippogreif-Tattoo auf der Brust hast."
Ron und Hermine lachten lauthals. Harry beachtete sie nicht.
„Was hast du ihr gesagt?"
„Ich habe ihr gesagt, dass es ein Ungarischer Hornschwanz ist", antwortete Ginny und blätterte lässig eine Seite der Zeitung um. „Das kommt machomäßiger." (S. 540)

Zitat 4:
„Das hier nehmt auch - (...) das ist Felix Felices. Teilt es euch und gebt auch Ginny davon. Grüßt sie von mir. Ich muss mich beeilen, Dumbledore wartet - „
„Nein!", sagte Hermine, während Ron mit ehrfurchtsvoller Miene das Fläschchen mit dem goldenen Zaubertrank auswickelte. „Wir wollen es nicht, nimm du es, wer weiß, was dich erwartet!"
„Mir wird schon nichts passieren, Dumbledore ist ja bei mir", sagte Harry. „Ich will nur sichergehen, dass mit euch alles okay ist..." (S. 557)

1 Alle Helden in der Literatur zeichnen sich durch eine oder mehrere positive Eigenschaften aus. Welche Werte spiegeln die oben beschriebenen Szenen wieder? Finden Sie andere Szenen im Buch, um diese Eigenschaften und Werte zu belegen.

Beispiel Loyalität:
Auf Seite 351 „Durch und durch Dumbledores Mann (..)?". – „Ja, das bin ich." antwortet Harry als der Minister versucht ihn auszuhorchen.

Großzügigkeit: ____________________

____

Mut: ____________________

____

andere: ____________________

____

a) Finden Sie weitere Stellen im Roman, die belegen, welche positiven Eigenschaften Harry und seine Freunde haben und nach welchen Werten sich ihr Denken und Handeln richtet.
b) Tauschen Sie sich mit einem Partner, der neben Ihnen sitzt, über Ihre Ergebnisse aus Aufgabe 1 aus.
c) Bestimmen Sie einen Diskussionsleiter, der die Ergebnisse aller Partnerarbeiten zusammen fließen lässt. Diskutieren Sie in der Klasse die positiven Eigenschaften der verschiedenen Charaktere aus „Harry Potter". Ein Schriftführer schreibt die wichtigsten Eigenschaften und Werte an die Tafel.

2 Suchen Sie im Internet (z. B. bei Wikipedia.de) oder im Lexikon Definitionen der Begriffe **Werte**, **Stärken**, **Tugenden**, **positive Eigenschaften** und grenzen Sie die Begriffe voneinander ab.

3 Diskutieren Sie mit Ihrem Tischnachbarn: Welche Werte zeichnen den Erziehungsstil in Harry Potters Internat Hogwarts aus?

Wer erzieht?

4 Bilden Sie Dreiergruppen und diskutieren Sie folgende Fragen:

a) Vergleichen Sie Harry Potter mit anderen Internatsgeschichten Ihrer Kindheit und Jugend. Weshalb bieten diese Geschichten einen besondern Reiz für die Verfasser und Leser von Jugendliteratur?
b) Gibt es in Ihre Klasse Schüler, die im Internat waren? Welche Erfahrungen haben sie gemacht?
c) In England ist es „in besseren Kreisen" üblich, die Kinder ab sieben Jahren auf ein Internat zu schicken. Welche Auswirkungen hat das voraussichtlich für die Entwicklung des Kindes? Welche in Beziehung auf das Mutter-Kind-Verhältnis? Welche besondere Bedeutung kommt dem Erzieher/Lehrer/Mentor in dieser Altersgruppe zu?

5 Sehen Sie sich gemeinsam die erste DVD „Harry Potter und der Stein der Weisen" und die letzte DVD, die auf den Markt gekommen ist, an. Wie hat sich der Umgang zwischen Lehrern und Schülern in Hogwarts über die Jahre verändert?

6 Diskutieren Sie in Ihrer Klasse, welche Werte an der Schule gelebt und über die Generationen weitergegeben werden.

Gibt es eine ähnliche Tradition an Ihrer Schule?
- Wie werden hier Werte weitergegeben? Denken Sie dabei nicht nur an das, was Lehrer dazu beitragen.

7 Lesen Sie einen Jugendroman von Michael Ende, Erich Kästner, Dagmar Chidolue oder Cornelia Funke.

8 Suchen Sie in Ihrer Klasse einen Partner, der denselben Roman kennt oder noch lesen möchte und erklären Sie ihm/ihr, was Ihnen an einer der Hauptfiguren besonders gefallen hat.
Erstellen Sie in Ihrer Arbeitsgruppe eine Sammlung von Werten, für die diese Romanfiguren stehen.

9 Stellen Sie Ihre Erkenntnisse im Plenum vor. Machen Sie dabei Werbung für den Roman, der Ihnen am besten gefällt.

10 Suchen Sie sich vier bis fünf Romanfiguren der Kinder- und Jugendliteratur aus, die Sie gut kennen.
Verfassen Sie Steckbriefe der Charaktere, indem Sie die drei wichtigsten positiven Eigenschaften dieser Figuren aufschreiben.

Figur 1: ____________
Eigenschaften:
____
____
____

Figur 2: ____________
Eigenschaften:
____
____
____

Figur 3: ____________
Eigenschaften:
____
____
____

Figur 4: ____________
Eigenschaften:
____
____
____

11 Listen Sie die positiven Eigenschaften der folgenden Romanfiguren auf. Ergänzen Sie Eigenschaften und die Figuren, die Ihnen sympathisch sind und analysieren Sie, warum Sie sie mögen. Arbeiten Sie gemeinsam mit einem Klassenkameraden, der einen ähnlichen Literaturgeschmack hat.

Eigenschaft	Harry Potter	Jim Knopf	Momo	Pippi Langstrumpf		
mutig						
kreativ						
hilfsbereit						

12 Machen Sie sich ein Ranking der Werte, die für Sie selbst persönlich wichtig sind, die Sie in Ihrem Alltag und Ihrer Arbeit brauchen können.

a) Füllen Sie dazu zunächst die folgende Tabelle aus, indem Sie alle Werte ankreuzen, die für Sie persönlich wichtig sind.

- Abenteuer ☐
- Anständigkeit ☐
- Arbeit ☐
- Aufmerksamkeit ☐
- Aufrichtigkeit ☐
- Ausdauer ☐
- Barmherzigkeit ☐
- Begeisterung ☐
- Bescheidenheit ☐
- Besitz ☐
- Beziehung ☐
- Bildung ☐
- Charisma ☐
- Dankbarkeit ☐
- Demokratie ☐
- Der Beste sein ☐
- Diplomatie ☐
- Distanz ☐
- Disziplin ☐
- Ehre ☐
- Ehrlichkeit ☐
- Entschlossenheit ☐
- Ethik ☐
- Fairness ☐
- Familienleben ☐
- Fleiß ☐
- Freiheit ☐
- Freundlichkeit ☐
- Freundschaft ☐
- Frieden ☐
- Führung ☐
- Geborgenheit ☐
- Geduld ☐
- Gelassenheit ☐
- Geld ☐
- Genuss ☐
- Gerechtigkeit ☐
- Gesundheit ☐
- Glaube ☐
- Großzügigkeit ☐
- Gute Laune ☐
- Harmonie ☐
- Hilfsbereitschaft ☐
- Hingabe ☐
- Hoffnung ☐
- Höflichkeit ☐
- Humor ☐
- Individualität ☐
- Intimsphäre ☐
- Intuition ☐
- Kameradschaft ☐
- Karriere ☐
- Klugheit ☐
- Kooperation ☐
- Kreativität ☐
- Kunst ☐
- Lebenskraft ☐
- Leistung ☐
- Liebe ☐
- Loyalität ☐
- Mäßigung ☐
- Mitgefühl ☐
- Mut ☐
- Nächstenliebe ☐
- Natur ☐
- Objektivität ☐
- Optimismus ☐
- Ordnung ☐
- Ordnungsliebe ☐
- Persönliche Entwicklung ☐
- Persönlichkeit ☐
- Pflicht ☐
- Pünktlichkeit ☐
- Reichtum ☐
- Reinheit ☐
- Religion ☐
- Respekt ☐
- Sachlichkeit ☐
- Schönheit ☐
- Selbstbeherrschung ☐
- Sparsamkeit ☐
- Selbstbewusstsein ☐
- Selbstlosigkeit ☐
- Selbstverwirklichung ☐
- Sicherheit ☐
- Sparsamkeit ☐
- Spaß ☐
- Standhaftigkeit ☐
- Status ☐
- Takt ☐
- Tapferkeit ☐
- Toleranz ☐
- Treue ☐
- Vaterland ☐
- Verantwortung ☐
- Vernunft ☐
- Verständnis ☐
- Vertrauen ☐
- Wahrhaftigkeit ☐
- Wahrheit ☐
- Willenskraft ☐
- Wirklichkeitssinn ☐
- Zärtlichkeit ☐
- Zielstrebigkeit ☐
- Zufriedenheit ☐
- Zuverlässigkeit ☐

b) Wählen Sie die für Sie wichtigsten Werte aus und schreiben Sie sie in der Reihenfolge ihrer Wichtigkeit für Ihr Leben in folgende Urkunde.

Meine Werte für mein Leben

1. ______________________________

2. ______________________________

3. ______________________________

4. ______________________________

5. ______________________________

Jmpuls 17: Buchvorlieben Drei- bis Achtjähriger kennen

Befragungen an einer hessischen Kindertagesstätte und einer Grundschule von 40 Kindern zwischen drei und acht Jahren ergaben folgende Buchvorlieben:
(nicht repräsentative schriftliche Stichprobe, 2007; geantwortet haben die Kinder oder die Eltern für ihre Kinder)

Ich mag *Weißt du eigentlich wie lieb ich dich habe; Lauras Stern, Die kleine Raupe Nimmersatt* und auf CD *Das magische Baumhaus.* (Sophie, 3;5)

Am liebsten lasse ich mir *Bibi Blocksberg* vorlesen, als ich kleiner war mochte ich alle Bilderbücher über Tiere. (Mandy, 6;0)

Regenbogenfisch komm hilf mir von Marcus Pfister, *Tatü-tata, die Feuerwehr ist da* von Judith Steinbacher, *Taps und Tine* von Hannes Hüttner, *Ich kann das auch* von Silke Brix sind momentan meine Lieblingsbücher. Und auf CD höre ich am liebsten *Petterson und Findus.* (Johannes, 4;6)

Arielle die Meerjungfrau mag ich. (Melina, 6;7)

Glück gehabt kleiner Delfin und von Erich Kästner *Das doppelte Lottchen* und *Pünktchen und Anton, Peterchens Mondfahrt, die Kinder aus Bullerbü* von Astrid Lindgren (Mila, 7;3)

Ich lasse mir *Mein Freund ist ein Vampir* vorlesen. Außerdem *Der Gespensterpark*, Die *Geschichten vom Sams* und ich schaue mir gerne *Meyers kleinen Weltatlas* an. (Robert, 7;1)

Am liebsten habe ich *Mein Rennwagenbuch* und alle Weihnachtsbücher. (Sebastian, 7;3)

Ich lese *Das doppelte Lottchen.* Früher mochte ich alle *Conni-Bücher.* (Charlotte, 8;4)

Ich finde *Petterson und Findus* toll, *Briefe von Felix* und alles von *Ritter Rost.* (Christopher 5;6)

Ich schaue alle Bücher an mit Baustellen, mit Kranen und Baggern und das Buch von der Feuerwehr, das liest mir Papa jeden Abend vor. (Christian, 3;4)

Als Kindergartenkind mochte ich immer alles über Baustellen, jetzt höre ich auf CD *Harry Potter, Benjamin Blümchen, Die wilden Kerle.* (Kai-Daniel, 5;11)

Ich mag *Die wilden Hühner, Bibi Blocksberg, Michel aus Lönneberga, Conni auf Klassenfahrt* und alle Connibücher. (Melanie 7;6)

Die kleine Hexe (Ottfried Preußler), *Susi und Strolch, Ponyhofgeschichten* (Chantal 8;5)

Alle Fußballgeschichten (Niklas, 6;5)

Ich höre Kassetten von *Bibi und Tina*, von *Elea Eluanda* und kenne auch die Bücher dazu. Als ich noch klein war mochte ich alle Geschichten von *Jan und Julia* und die von *Conni.* (Isabell 8;1)

Alle *Connigeschichten, Heidi, Pippi Langstrumpf, Walt Disney Geschichten, Winni Pu, Madita, Die fabelhaften Zauberfeen* und *Peterchens Mondfahrt,* (Luna, 7;11)

Spiderman, Pinocchio und *Hexe Lilli* (Daniel, 8;2)

Charly und die Schokoladenfabrik und alle Märchen (Christopher, 7;0)

Hexe Lilli, Ein Baby für uns alle (Gunilla Hanson) *Bibi Blocksberg* (Jan, 7;2)

Briefe von Felix, Kleiner Rabe Socke, Der Quengelkasper, Conni-Geschichten (Therysa, 7;11)

Elfengeschichten und der *große Biber* (Jana,6;5)

Jim Knopf und Lukas der Lokomotivführer, Geschichten vom Sandmann, Tierbücher, Die Kinder aus Bullerbü, Ronja Räubertochter, Das doppelte Lottchen, Madita, Die Wurzelkinder (Anna Luisa, 6;11)

Hexe Lilly und alle Bücher über Pferde (Line, 6;11)

Die wilden Hühner, Alice im Wunderland, Kalle Blomquist, früher auch *Urmel aus dem Eis.* (Josephine, 8;3)

Der kleine Wassermann, Ein Wunsch für die kleine Fee (von Isabel Abedi), *Pippi Langstrumpf, Cinderella* und *Oh wie schön ist Panama* von Janosch lesen wir abends immer. Früher mochte ich *Lauras Stern* und *Kleiner Eisbär* von Hans de Beer (Laura, 4;4)

Selber lese ich *Donald Duck* und Mama liest mir *Igraine Ohnefurcht* (Cornelia Funke) vor. Als ich klein war mochte ich *Bob der Baumeister.* (Kai, 8;3)

Hexe Lilli, Wie Mama und Papa ein Baby bekommen und viele Titel von Wieso-weshalb-warum interessieren mich (Philipp, 6;0)

Was ist los auf der Baustelle und alles über Bagger und Baustellenfahrzeuge mag ich. Auch *Bob der Baumeister.* (Lucas, 3;5)

1 Ordnen Sie die Ihnen bekannten Titel aus den Interviews danach, ob sie tendenziell fantastische oder mehr realistische Elemente und Figuren zeigen.

Titel	fantastisch	realistisch	Mischform*	Sachbuch
	☐	☐	☐	☐
	☐	☐	☐	☐
	☐	☐	☐	☐
	☐	☐	☐	☐
	☐	☐	☐	☐
	☐	☐	☐	☐
	☐	☐	☐	☐
	☐	☐	☐	☐
	☐	☐	☐	☐
	☐	☐	☐	☐
	☐	☐	☐	☐
	☐	☐	☐	☐
	☐	☐	☐	☐
	☐	☐	☐	☐
	☐	☐	☐	☐
	☐	☐	☐	☐
	☐	☐	☐	☐
	☐	☐	☐	☐
	☐	☐	☐	☐
	☐	☐	☐	☐
	☐	☐	☐	☐

* Mischformen z. B. realistische Situationen mit einzelnen fantastischen Elementen, wie „Benjamin Blümchen“, „Hexe Lilli“. Die Grenzen sind fließend. Bei Titeln, die der fantastischen Richtung zuzuordnen sind, überwiegen die fantastischen, nicht realen Elemente.

a) Ergänzen Sie mit Ihrem linken, dann mit Ihrem rechten Tischnachbarn Ihre Tabelle. Geben Sie sich dabei gegenseitig kurze Inhaltsangaben der Titel.

b) Tauschen Sie Ihre Erfahrungen aus, welche Titel für welche Altersgruppe geeignet erscheinen. Diskutieren Sie auch, warum sich das bei manchen Titel nicht eindeutig festlegen lässt.

- Sind Vorlieben nach Geschlecht zu beobachten?
- Wer wählt die Bücher aus?
- In welchem Umfang können jüngere Kindergartenkinder frei über die Texte, die sie vorgelesen haben wollen, entscheiden?
- Wie stellt sich das bei Grundschülern dar?

c) Teilen Sie Ihre Klasse in vier Gruppen auf, je nach Geburtstag im Frühling, Sommer, Herbst und Winter.
Diskutieren Sie in Ihren Gruppen Ihre Erkenntnisse aus den bisherigen Aufgaben.

Die Frühlingsgruppe widmet sich den Büchern mit fantastischen Elementen, die Sommergruppe den realistischen Kinderbüchern, die Herbstgruppe den Sachbüchern und die Wintergruppe den Mischformen.

Stimmen Sie Zweifelsfälle während der Gruppenarbeit ab, indem jede Gruppe einen Boten bestimmt, der entsprechende Nachfragen in die anderen Gruppen hineinträgt.

d) Tragen Sie die Erkenntnisse im Plenum vor.

2 Vergleichen Sie Astrid Lindgrens „Ich will auch in die Schule gehen“ (1970) mit der modernen Bearbeitung des gleichen Themas „Conni kommt in die Schule“ (Schneider/Wenzel-Bürger, 2003) und „Laura und Leon kommen in die Schule“ (Kaup/Hanke-Basfeld, 2001). Lassen Sie sich in Ihrer Buchhandlung Kinderbücher zum Thema „erster Schultag“ empfehlen.

a) Vergleichen Sie die Weltbilder der verschiedenen Einschulungsgeschichten.
Erläutern Sie Ihren Gruppenkollegen, was Ihnen gefällt, was Sie stört, was Ihnen bemerkenswert erscheint.

b) Stellen Sie Überlegungen an zu folgenden Fragen:
- Wodurch ist der Übergang vom Kindergarten- zum Schulkind gekennzeichnet?
- Was versteht man unter der magischen Phase?
- Wie haben Sie als Kind diesen Übergang erlebt? Haben Bücher Sie dabei begleitet?
- Wie ist das bei Kindern in Ihrem Bekanntenkreis heute?

Bd 2, LF 4
Kap. 7.6.5

c) Diskutieren Sie Ihre Antworten aus der vorigen Frage mit Ihrem linken Tischnachbarn.
Vergleichen Sie Ihre Antworten.

d) Finden Sie weitere Beispiele in der Kinder- und Jugendliteratur, die sich mit Übergängen beschäftigen.

3 Veranstalten Sie eine Buchmesse.
Sie brauchen dazu Flipcharts, dicke Filzstifte, die ausgewählten Kinderbücher (Stadtbücherei o.ä.), Tische als Messestände. Eventuell Dekorationsmaterial, um Ihren Messestand ansprechend zu gestalten.
Die Jahreszeitengruppen aus Aufgabe 1c) bereiten für Ihren Bereich die „Top Ten der Kinderliteratur“ vor.

Hinweis

Wählen Sie dafür die Ordnungskriterien aus Aufgabe 1 (realistisch, fantastisch, etc.) oder nehmen Sie zur Bildung von Überschriften Anleihen in der Musik: Auch in der Kinderliteratur gibt es Mainstream, populäre Hits, Klassiker, Schnulzen, Evergreens, Trash. Seien Sie bei der Wahl Ihrer Top Ten Titel erfinderisch.

Wählen Sie in Ihrer Gruppe die beliebtesten drei Titel aus und stellen Sie sie im Plenum vor.

Jmpuls 18: Kreative Leseförderung

LF 4
7

„Wir spinnen das Gelesene weiter“

Die Umweltpädagogin Karin Dinter über das Erfolgsrezept ihrer Lese-AGs in Kindergärten, Kitas und Schulen (Frankfurter Rundschau, 14.10.2006, von Peter Harnack)

FR: Frau Dinter, Sie haben gerade eine Auszeichnung für besonders kreative Leseförderung bekommen. Was machen Sie anders?

Dinter: Den Preis haben wir bekommen, weil wir nach dem Lesen nicht Schluss machen. Wir spinnen das Gelesene weiter. Beispielsweise haben wir eine Geschichte über einen Obdachlosen gelesen, der ein spannendes Abenteuer erlebt. Den Kindern ist gleich eingefallen, dass es solche Menschen auch bei uns gibt. Wir haben dann das Altenwohnheim für ehemalige Obdachlose bei uns im Ort besucht und mit den Bewohnern geredet. Zwei Bewohner haben uns ihre Lebensgeschichte erzählt. Das war dann auch für uns ein kleines Abenteuer.

FR: Die Paten Ihrer Lese-AGs haben den Jungen und Mädchen in der Grundschule Köppern bislang mehr als 1000 Stunden vorgelesen. Genügt es nicht, dass die Kinder in der Schule das Lesen und Schreiben lernen?

Dinter: In den Familien wird oft viel zu wenig miteinander gesprochen oder vorgelesen. Dabei ist das Vorlesen doch ganz wichtig, auch als Form der Zuwendung. Die Kinder finden das in den AGs so toll, dass sie am Ende einer Stunde gar nicht aufhören wollen. Sie wollen immer weiter zuhören oder darüber reden.

FR: Wann kann man damit beginnen, Kinder mit dem geschriebenen Wort bekannt zu machen?

Dinter: Es ist unerlässlich, damit schon im Kindergartenalter zu beginnen...Ich gehe selbst regelmäßig in Kindertagesstätten. Dort lesen wir sehr viel vor, manche Bücher auch fünf Mal. Wir sprechen darüber, die Kinder malen Bilder und spielen die Geschichte nach, ohne dass ich das extra anregen müsste.

FR: Mit dem Lesen erreichen Sie offensichtlich, dass Kinder ihre Fantasie spielen lassen. Aber bringt das auch einen Gewinn an Wissen mit sich?

Karin Dinter: Beim Lesen kann ich ganz prima ansetzten und eben Wissen vermitteln. Wenn die Jungen und Mädchen etwa das Eichhörnchen Knax aus einem gerade gehörten Buch im Spiel zum Leben erwecken, stelle ich die Frage, was ein Eichhörnchen im Herbst eigentlich tut. Dann gehen wir einen der nächsten Tage gemeinsam raus in den Wald und schauen nach. Ich nehme sehr oft eine Geschichte als Aufhänger, wenn ich beispielsweise etwas über eine Tierart oder über Menschen vermitteln will. Wir verbinden das Gelesene mit der Wirklichkeit. Schließlich sind Bücher oder Zeitungen keine eigene Welt, sondern haben etwas mit der Realität zu tun. Bücher werden dann mindestens so spannend wie ein Fernsehfilm. Eines der interessantesten Bücher war eins über ein taubblindes Mädchen...

FR: Klingt nach harter Kost.

Dinter: Ja schon, aber lesen Sie mal Hänsel und Gretel. Das ist harte Kost. Als wir es gelesen hatten, sagte ein Mädchen ganz ohne Ironie, ich glaube ich bin mathematikbehindert. Es war einfach klar geworden, dass wir alle Defizite haben. Wir haben uns dann von der Christoffel-Blindenmission einen Koffer schicken lassen, da waren Materialien drin, die Blinde benutzen. Wir haben uns die Augen verbunden und sind blind über den Schulhof gelaufen, haben versucht, Blindenschrift zu lesen, oder mit einem Klingelball zu spielen, ohne sehen zu können.

FR: Sie sind dafür, schon im Kindergarten Schrift zum Thema zu machen. Sollten Kinder schon vor der Schule Buchstaben lernen oder Schreiben üben?

Dinter: Das Lesen und Schreiben sollte schon in der Schule bleiben, das muss man nicht im Kindergarten machen. Dafür sind die Lehrerinnen ausgebildet, und die machen das ganz toll. Der Kontakt zu Büchern, zu geschriebener Sprache – das kann nicht früh genug anfangen. Denn wenn im Elternhaus und im Kindergarten genug vorgelesen wird, dann klappt der Übergang in die Schule auch besser. Lust müssen die Kinder am Lesen haben, und die kann man im Kindergarten und zuhause sehr gut wecken. Dass es damit dann in der Schule gut weitergehen kann, sieht man am Erfolg unserer Lese-AGs.

1 Wie setzen sich die Kinder mit dem Gelesenen auseinander?

- Wann sollten nach Meinung von Frau Dinter Kinder in Kontakt mit Büchern kommen?
- Wie begründet sie das?
- Teilen Sie ihre Ansicht?

a) Tauschen Sie sich mit Ihrem Nachbarn über das Projekt von Frau Dinter aus.
Was gefällt Ihnen, was sehen Sie kritisch?

b) Gibt es in den Ihnen bekannten Schulen und Kindertagesstätten vergleichbare Initiativen?
Wenn ja, informieren Sie sich bei den engagierten Personen und referieren Sie darüber in Ihrer Klasse.

c) Tragen Sie Ihre Eindrücke im Plenum zusammen.

Diskutieren Sie die Einführung einer solchen Leseinitiative in einem Ihnen bekannten Kindergarten oder einer Grundschule. Die Studierenden auf der rechten Seite des Klassenraums nehmen die Position „Pro“, die auf der linken Raumseite die Position „Contra“ ein. Sehen Sie für die Diskussion 45 Minuten vor und bestimmen Sie die Schriftführer „Pro“ und „Contra“, die die Schlüsselaspekte an der Tafel für alle sichtbar notieren.

2 Erstellen Sie eine Bücherliste für verschiedene Altersgruppen.

Lesen Sie sich folgenden Arbeitsauftrag komplett durch und entscheiden Sie dann, in welcher Gruppe Sie am liebsten mitarbeiten möchten.

Teilen Sie die Klasse in vier Gruppen. Die Gruppen müssen nicht gleich groß sein.
Jede Gruppe erarbeitet eine Liste für die vier folgenden Altersgruppen.

Dabei sollten Sie Zugang zu einer Bücherei haben.

a) Erstellen Sie in Ihrer Gruppe gemeinsam eine Liste von (Bilder-) Büchern, die Sie

- in einer Kindergartengruppe gerne vorlesen möchten.
- in einer Grundschulklasse (sieben- bis-neunjährige Schüler) vorlesen möchten.
- in einer Vorkindergartengruppe (unter Dreijährige) vorlesen möchten.
- älteren Kindern (12-14-Jährige) vorlesen möchten.

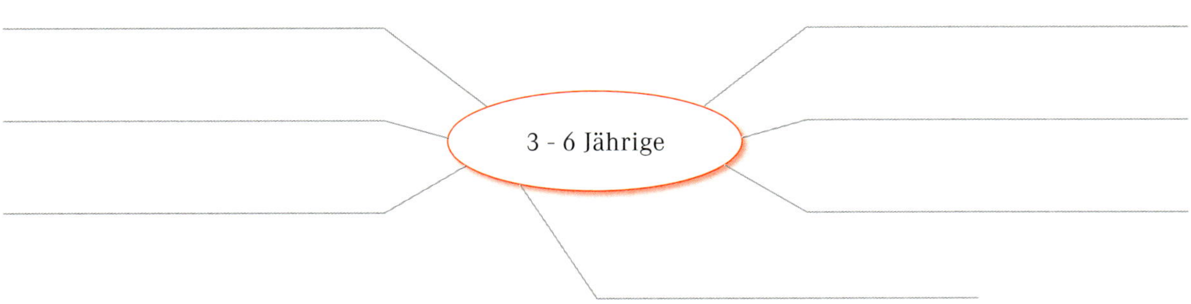

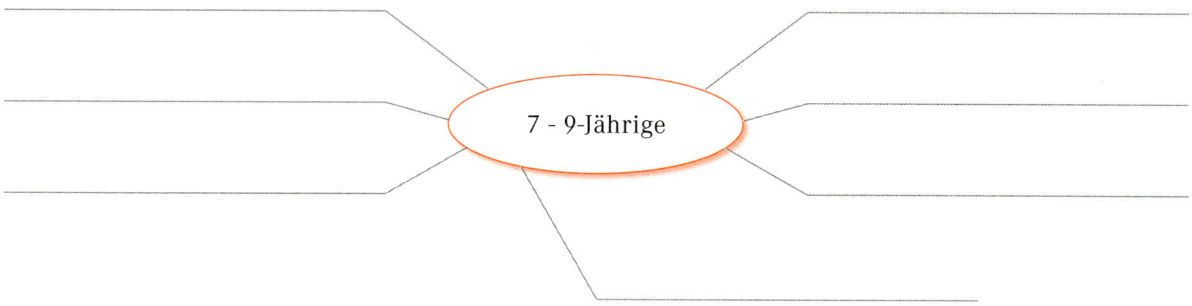

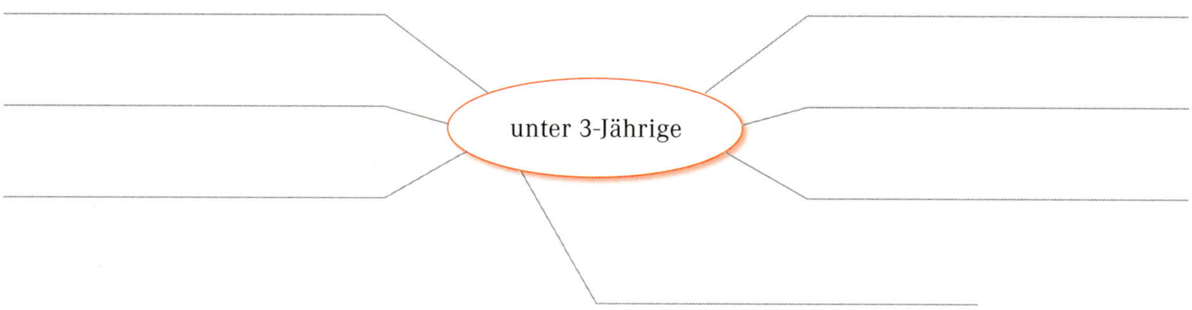

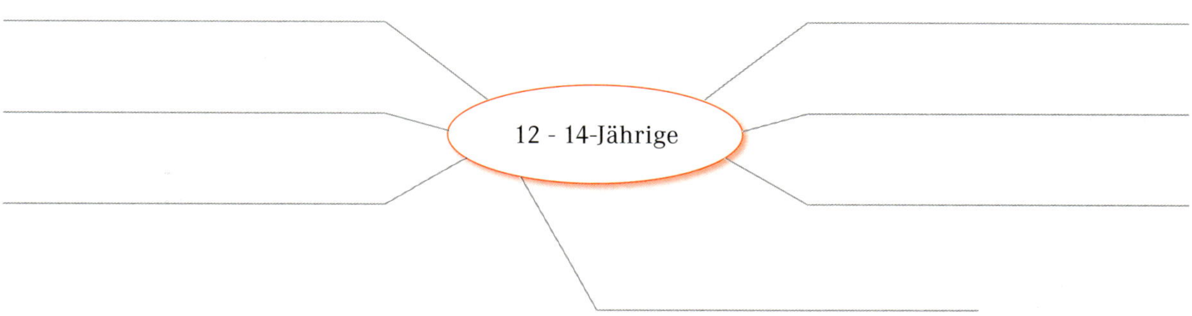

Hinweis

Sprechen Sie mit Erzieherinnen, Lehrerinnen und „Vorlesemuttis“ und lassen Sie sich Bücher empfehlen. Leihen Sie sich in der Gemeinde- oder Stadtbücherei drei für Sie neue Bücher aus. Sprechen Sie mit dem Personal in Ihrer Buchhandlung über die besten Tipps für „Ihre“ Altersgruppe.

b) Präsentieren Sie die Ergebnisse im Plenum. Dabei kann sich jeder Schüler die Charts oben ausfüllen und ggf. analog eines Mindmap mit eigenen Anmerkungen ergänzen.

Im Ergebnis verfügt jeder über eine Liste mit Buchtiteln, die für die vier vorgestellten Altersgruppen geeignet sind.

3 Finden Sie Kinder im Praktikum, in der Verwandtschaft oder in der Nachbarschaft, denen Sie vorlesen. Sammeln Sie hier reichlich praktische Erfahrungen.

a) Erarbeiten Sie in einer Dreiergruppe Tipps zum guten Vorlesen.
Verwenden Sie dabei folgende Stichpunkte:

Tempo

Pausen

Umgang mit Illustrationen

Blickkontakt

Störungen

Betonung

Fragen

Lautstärke

Erklärungen

Modulation

b) Präsentieren Sie die Ergebnisse gruppenweise vor der ganzen Klasse.
Ein Mitschüler notiert dabei relevante Erkenntnisse an der Tafel und Sie übertragen neue Aspekte auf Ihre Karteikarten oben.

4 Bilden Sie Fünfergruppen und setzen Sie sich im Schneidersitz in eine Raumecke oder an einen anderen gemütlichen und ruhigen Platz.

a) Ein Freiwilliger liest seinen Mitschülern eine Geschichte vor. Wählen Sie etwas aus, das Sie selbst anspricht. Es kann ein Kapitel aus einem Roman sein, ein Kinderbuch, ein Märchen oder auch ein Fachtext.
- Die vier Mitschüler hören aufmerksam zu.
- Nach dem Vorlesen stellen Sie dem Vorleser Fragen zum Text.
- Spinnen Sie die Geschichte gemeinsam weiter. Erfinden Sie eine Fortsetzung der Geschichte, einen „zweiten Teil“. Lachen Sie, seien Sie kreativ und lassen Sie Ihrer Fantasie freien Lauf.

b) Beschreiben Sie der restlichen Klasse, was Ihnen bei der Übung leicht, was schwer fiel. Was hat Ihnen als Erzähler besondere Freude bereitet und was als Zuhörer?

5 Legen Sie sich einen Bücherbestand zu. Am besten kaufen Sie sich Ihre Lieblingstitel (Buchhandlung oder Flohmärkte in Schulen und Kindertagesstätten) und lesen Sie sie bei Ihrem nächsten Praxiseinsatz den Kindern vor.

Notieren Sie die Reaktionen der Kinder auf das Vorlesen Ihres Lieblingsbuches hier:

Jmpuls 19: Verstehen, was Bildung bedeutet

1 Die eigene Bildungsbiographie reflektieren

a) Was haben Sie von wem oder wo gelernt? Wer war wichtig für Ihre Bildung?

Tragen Sie Ihre Erinnerungen und Einschätzungen in das folgende Schema ein.

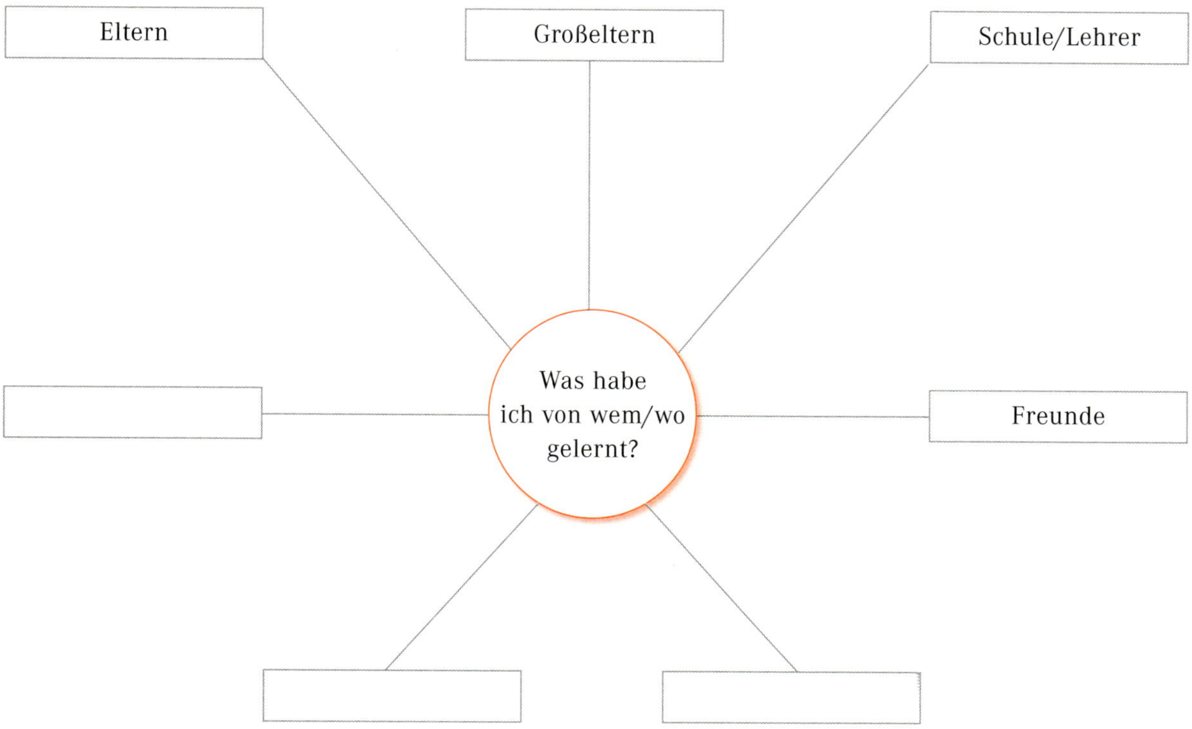

b) Stellen Sie sich Ihre Ergebnisse vor.

c) Ergänzen Sie Ihre Ergebnisse, indem Sie sich gegenseitig drei der folgenden oder eigene Fragen stellen und beantworten.
- Wer war besonders wichtig für dein Lernen?
- Wer hat dir eher praktische Dinge gezeigt?
- Wer konnte dir besonders gut theoretische Zusammenhänge vermitteln?
- Bist du gerne zur Schule gegangen? Was war gut bzw. schlecht an der Schule?
- An welche Erlebnisse oder Erfahrungen aus der Kindergartenzeit kannst du dich erinnern? Haben sie für dich etwas mit „Bildung“ zu tun?
- Was möchtest du gerne noch lernen?

Haben Sie noch andere Fragen?

2 Den Begriff „Bildung" erklären

Führen Sie ein zunächst „stummes" Gespräch über den Begriff „Bildung".
In die Mitte eines großen Blattes schreiben Sie das Wort „Bildung".

a) In der ersten Phase (ca. 5 Min.) schreiben Sie alle Begriffe und Assoziationen zum Begriff „Bildung" irgendwo auf das Blatt. Benutzen Sie für diese Phase alle dieselbe Farbe.
b) In der zweiten Phase (ca. 10 Min.) schreiben Sie in anderen Farben Kommentare, Gedanken, Fragen zu diesen Begriffen auf. Verwenden Sie auch Symbole oder Bilder.
c) In der dritten Phase sprechen Sie in der Gruppe über die Ergebnisse.
d) Beschreiben Sie kurz, was „Bildung" für Sie bedeutet.

„Bildung heißt für mich... ______________________________

____

____

____

____

e) Lesen Sie sich Ihre Texte vor und sprechen Sie darüber:
   - Was gefällt Ihnen an den jeweiligen Texten, wo haben sie Verständnisfragen und an welchen Punkten sind Sie anderer Meinung?
   - Versuchen Sie, sich auf das für Sie Wesentliche zu einigen und einen gemeinsamen Text zu verfassen.

„Bildung heißt für uns... ______________________________

____

____

____

____

f) Stellen Sie nacheinander die Ergebnisse der Gruppenarbeit im Plenum vor. Diskutieren Sie, welcher der Texte Sie sich gut in der Konzeption einer Kindertageseinrichtung vorstellen könnten.

Methodenhinweis

Um die Praxistauglichkeit Ihrer Texte zu prüfen, können Sie sie in Ihre Praxisstelle mitnehmen. Stellen Sie ihn Ihrer Anleiterin oder im Team vor und fragen Sie die Kolleginnen nach ihrer Meinung.

3 Bildungsprozesse auswählen und planen

Über das, was Kinder in ihren ersten Lebensjahren lernen oder erfahren haben sollten, gibt es sehr unterschiedliche Vorstellungen.

a) Was z. B. ist Ihrer Meinung nach Eltern wichtig? Stellen Sie eine fiktive Eltern-Lernzielliste zusammen.
„Mein Kind sollte, bis es zur Schule kommt, folgende Dinge gelernt bzw. folgende Erfahrungen gemacht haben" (mind. 20 Aspekte):

b) Schreiben Sie alle Aspekte auf Karten.
- Notieren Sie, welche mehr als drei mal genannt wurden.
- Sammeln Sie alle Karten auf dem Fußboden oder an einer Moderationswand. Finden Sie Oberbegriffe und ordnen Sie diesen die Karten zu.

Donata Elschenbroich, Mitarbeiterin des Deutschen Jugendinstituts, geht in ihrem 2001 erschienen Buch „Das Weltwissen der Siebenjährigen" der Frage nach, was Kinder mit 7 Jahren erfahren und gelernt haben sollten. Ihre eigene "erste Wunschliste" sah so aus:

„Weltwissen: eine erste Liste (1996)
...Ein siebenjähriges Kind sollte vier Ämter im Haushalt ausführen können (etwa: Treppe kehren, Bett beziehen, Wäsche aufhängen, Handtuch bügeln). Es sollte ein Geschenk verpacken können. Zwei Kochrezepte umsetzen können, für sich und einen Freund, für sich selbst und drei Freunde. Es sollte einmal ein Baby gewickelt haben. Es sollte gefragt haben können, wie Leben entsteht. Es sollte eine Vorstellung davon haben, was bei einer Erkältung in seinem Körper vorgeht, und eine Wunde versorgen können. Das Kind sollte wissen, wie man drei verschiedenen Tiere füttert, und Blumen gießen können. Ein siebenjähriges Kind sollte schon einmal auf einem Friedhof gewesen sein. Es sollte wissen, was Blindenschrift ist, und vielleicht drei Wörter in Blindenschrift (oder Gehörlosensprache) verstehen. Es sollte zwei Zaubertricks beherrschen. Drei Lieder singen können, davon eines in einer anderen Sprache. Es sollte einmal ein Musikinstrument gebaut haben. Es sollte den langsamen Satz einer Sinfonie vom Recorder aus dirigiert haben und erlebt haben, dass die Pause ein Teil von Musik ist. Es sollte drei Fremdsprachen oder Dialekte am Klang erkennen. Drei Rätsel, drei Witze erzählen können. Einen Zungenbrecher aufsagen können. Es sollte drei Gestalten oder Phänomene in Pantomime darstellen können und Formen der Begrüßung in zwei Kulturen. Ein Gebet kennen. Reimen können, in zwei Sprachen. Ein chinesisches Zeichen geschrieben haben. Eine Sonnenuhr gesehen haben. Eine Nachtwanderung gemacht haben. Durch ein Teleskop geschaut haben, zwei Sternbilder erkennen. Wissen, was Grundwasser ist. Was ein Wörterbuch, eine Wasserwaage, eine Lupe, ein Katalysator, ein Stadtplan, ein Architekturmodell. In einer Bücherei gewesen sein, in einer Kirche (einer Moschee, einer Synagoge,...) in einem Museum. Einmal auf einer Bühne gestanden und einem Publikum mit anderen etwas Vorbereitetes vorgetragen haben.
Ein siebenjähriges Kind sollte einige Ereignisse aus der Familiengeschichte kennen, aus dem Leben oder der Kindheit der Eltern oder Großeltern. Und etwas aus der eigenen Lebensgeschichte: zwei Anekdoten über sich selbst als Kleinkind erzählen können. Wissen, zu welcher Zeit – der Eltern, der Großeltern – das Haus gebaut wurde, in dem man wohnt.

→

Einen Streit aus zwei Positionen erzählen können. Ein Beispiel für Ungerechtigkeit beschreiben. Konzepte kennen: Was ist ein Geheimnis, was ist Gastfreundschaft, was ist eine innere Stimme, was ist Eifersucht, Heimweh, was ist ein Missverständnis. Ein Beispiel kennen für den Unterschied zwischen dem Sachwert und dem Gefühlswert von Dingen. ...“

(Donata Elschenbroich. Das Weltwissen der Siebenjährigen. Wie Kinder die Welt entdecken können. Goldman. 2002. S. 23 ff.)

c) Welche Empfindungen haben Sie beim Lesen dieser Liste?
- Welchen Punkten würden Sie spontan zustimmen? Welche lehnen Sie ab?
- Die Autorin erntete mit dieser Liste viel Empörung. Können Sie sich vorstellen, warum?
- Vergleichen Sie die Liste mit den von Ihnen erarbeiteten Elternlisten. Wo sind Unterschiede, wo Gemeinsamkeiten?

d) Befassen Sie sich mit dem Bildungsplan ihres Bundeslandes.
- Finden Sie Ihre Oberbegriffe und die Lernziele der Eltern darin wieder?
- Sind die von Donata Elschenbroich genannten Aspekte darin aufgehoben?
- Lesen Sie auch das Vorwort bzw. die Einführung. Stimmt die darin beschriebene Haltung mit Ihrer Definition von Bildung überein?

e) Jede Gruppe vergleicht den Bildungsplan des eigenen mit dem eines anderen Bundeslandes. Finden Sie Unterschiede und Gemeinsamkeiten heraus und bewerten Sie sie.

Sie können dazu folgende Tabelle nutzen.

	Unser Bildungsplan	**Bildungsplan** ____________
Definition von Bildung		
Bildungsebenen bzw. -bereiche		
Umfang		
besondere Betonung auf...		
mir (uns) gefällt...		
mir (uns) gefällt nicht...		

f) **Eine Talkshow zur Frage „Brauchen wir (diese) Bildungspläne für die Kitas?"**

Jede Talkshow braucht „Experten" und „Betroffene" auf dem Podium, und sie braucht ein interessiertes Publikum.
Finden Sie ca. fünf Studierende, die in verschiedenen Rollen auf dem Podium sein werden. Mögliche Rollen können sein: eine Mutter, ein Vater, ein Unternehmer, eine Grundschullehrerin, ein Bürgermeister, ein Pfarrer, ...
Diese Diskussionsteilnehmer haben 10 Minuten Zeit zur Vorbereitung. Erfinden Sie für Ihre Rolle eine Biographie (Alter, Familienstand, Schulabschluss, Beruf etc.) und entscheiden Sie, welche Position Sie in dieser Rolle zur Frage der Bildungspläne vertreten.
Der Rest der Gruppe sammelt in dieser Zeit Fragen für die Diskussionsrunde und wählt eine Moderatorin aus.
Diese eröffnet die Talkshow, indem sie alle Podiumsteilnehmer begrüßt, und gibt dann die erarbeiteten Fragen an die Runde. Es können auch weitere Fragen aus dem Publikum zugelassen werden.

Methodenhinweis

Wenn Sie große Spielfreude haben, können Sie eine weitere Gruppe bilden, die die Werbeblöcke vorbereitet und möglicherweise Produkte erfindet, die irgendwie mit dem Thema zu tun haben. Dann kann die Diskussion mehrmals von Werbung unterbrochen werden.

4 **Welche Bildung steckt wo?**

a) Untersuchen Sie unterschiedliche Angebote in Ihrer Praxisstelle unter der Frage, welchen Bildungsgehalt diese für Kinder haben.

b) Wählen Sie aus den folgenden Beispielen für Ihre Gruppe drei Tätigkeiten oder Angebote, die Sie genauer untersuchen wollen:
Kochangebot, Ausflug in den Wald, Vorlesen, Freispiel im Sand, Fußballspiel, Bewegungsangebot in der Turnhalle, Rollenspiel mit Verkleiden.

1. ________________ 2. ________________ 3. ________________

c) Welche Erfahrungen haben die Kinder gemacht? Welche Fähigkeiten wurden im Blick auf die verschiedenen Entwicklungsbereiche gefordert bzw. entwickelt?

Tätigkeit	emotional/ psychisch	kognitiv	motorisch	sprachlich	sozial

Lernfeld 5: Professionalisierung des Berufsbildes

Jmpuls 1: Entwickeln eines persönlichen Berufsbildes

Welches berufliche Selbstbild haben heutige Erzieherinnen und welches Bild hat die Gesellschaft vom Beruf der Erzieherin?

1 Denken Sie darüber nach, welchen gesellschaftlichen Auftrag Erzieherinnen und Erzieher in ihren Arbeitsfeldern wahrnehmen.

Diskutieren Sie anschließend in Ihrer Ausbildungsgruppe die Aussagen des Cartoons im Vergleich mit Ihren Notizen.

2 Suchen Sie sich eine Partnerin oder einen Partner und vergleichen Sie elterliche und professionelle Erziehung.
Welche Unterschiede gibt es dabei? Erläutern und notieren Sie die Vor- und Nachteile.

Positive Aspekte elterlicher Erziehung	Negative Aspekte elterlicher Erziehung

Positive Aspekte professioneller Erziehung	Negative Aspekte professioneller Erziehung

3 Bilden Sie zwei Gruppen und diskutieren Sie die Unterschiede und Gemeinsamkeiten im Berufsbild von männlichen und weiblichen Erziehern/Erzieherinnen.

Methodenhinweis

Bilden Sie z. B. die Gruppen „Mann“ und „Frau“. Es müssen nicht nur Frauen in der Gruppe „Frau“ sein und umgekehrt. Ein Rollentausch kann interessante Aspekte hervorbringen. Es kann jedoch auch eine fruchtbare Diskussion entstehen, wenn Männer und Frauen zunächst getrennt diskutieren und dann ihre Erfahrungen im Plenum mit dem anderen Geschlecht besprechen.

Für Ihre Notizen und Argumente:

Unterschiede von Erzieherinnen und Erziehern	Gemeinsamkeiten von Erzieherinnen und Erziehern

4 Was bedeutet es für die Professionalisierung des Berufsbilds, wenn das Durchschnittsalter der Erzieherinnen steigt? Diskutieren Sie die „Vor- und Nachteile“ Ihrer älteren Kolleginnen.

Ihre Argumentationskette:

5 Welche Bedeutung für den Professionalisierungsprozess hat die Tatsache, dass rund ein Viertel des erzieherisch tätigen Personals aus Arbeitskräften besteht, die für den sozialpädagogischen Bereich nicht oder nur wenig ausgebildet sind? Diskutieren Sie.

Betrachten Sie in diesem Zusammenhang die folgende Grafik.

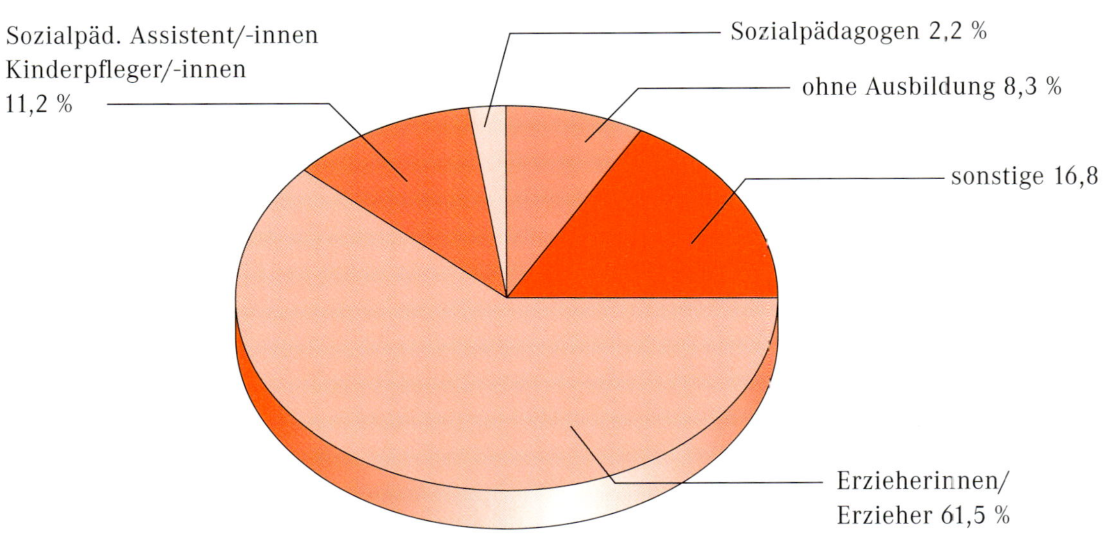

Jmpuls 2: Eine Vision des Erzieherinnenberufs entwickeln

, LF 5
1.1

1 Versetzen Sie sich in die Zukunft, etwa zehn Jahre voraus, und setzen Sie sich mit folgenden Fragen auseinander. Erarbeiten Sie daraus eine Vision für den Erzieherberuf und die Kindertagesstätte der Zukunft.

a) Lesen Sie dazu das Kapitel in „Kein Kinderkram!“, Band 2.

b) Gehen Sie zuerst der Frage nach, wie der Erzieherberuf in zehn oder fünfzehn Jahren aussehen könnte und orientieren Sie sich an den folgenden Fragen:

• Wie ist die gesellschaftliche Wertschätzung von Erzieherinnen im Vergleich zu der von Erziehern?
• Wie sind die Personalschlüssel ausgestaltet?
• Wie ist die Betreuung von Schulkindern gewährleistet?
• Ist die öffentliche Kinderbetreuung obligatorisch und vollfinanziert für alle Altergruppen, also auch für die Null- bis Dreijährigen?

2 Nachdem Sie sich mit einigen Aspekten zukünftiger Berufsgestaltung beschäftigt haben, diskutieren Sie nun zu zweit diese Überlegungen hinsichtlich einer zukünftigen Veränderung für die Ausbildung. Versetzen Sie sich dann wieder in die Zukunft und entwickeln Sie Visionen anhand der folgenden Fragen:

- Wie hat sich die deutsche Erzieherinnen- und Erzieherausbildung dem europäischen Niveau angepasst?

- Findet die Ausbildung weiterhin an Fachschulen statt oder können Sie sich andere Ausbildungsformen vorstellen? Welche?

3 Bilden Sie Dreier- und Vierergruppen und beschäftigen Sie sich mit dem Thema Sozialmanagement. Entwerfen Sie Visionen alternativer Finanzierungsmodelle von sozialen Einrichtungen. Überlegen Sie dabei auch, ob es sinnvoll ist, betriebswirtschaftliche Kenntnisse zum Bestandteil der Erzieherausbildung zu machen. Stellen Sie danach Ihre Ergebnisse im Plenum vor und gehen zur nächsten Frage über.

- Beispiele alternativer Finanzierungsmodelle/soziales Marketing (z. B. Essen kochen für den Stadtteil, Spielzeug und Kinderbücher verkaufen usw.)

- Ist der Einsatz von Qualitätsmanagementsystemen in den verschiedenen sozialen Einrichtungen obligatorisch und vergleichbar?

4 Diskutieren Sie in diesen Zusammenhang im Plenum die Frage, ob aus den bisher von Ihnen entwickelten Visionen für den Berufsalltag von Erzieherinnen neue und interessante Berufsbilder oder Ideen zur Einführung spezieller Fachqualifizierungen entstanden sind (z. B. Elementarpädagogin oder Vorschullehrerin, Facherzieherin für die betreute Grundschule, Erzieherin mit Bachelor-Abschluss oder Sozialmanagerin).

Neue Berufsbilder

Spezielle Fachqualifizierungen

Jmpuls 3: Teambesprechungen mitgestalten

Methodenhinweis

Theaterrollenspiel:
Beim Theaterrollenspiel ist eine Rollenvorgabe und eine Spielsituation vorgegeben. Beides soll jedoch genügend Gestaltungsspielraum zulassen. Als Einstieg in das Rollenspiel wird die betreffende Situation kurz erläutert, dass allen Beteiligten der Handlungsspielraum deutlich ist. Die vorgegebenen Rollenmuster können individuell ausgestaltet werden. Auf den Rollenkarten sind die einzelnen Spielrollen beschrieben. Die freiwilligen Spieler/innen übernehmen nach kurzer Absprache die Rollen auf den jeweiligen Kärtchen (siehe Kopievorlage) ohne den anderen Ihre Rollenbeschreibung mitzuteilen.

Der Rest der Ausbildungsgruppe schaut zu und macht sich Notizen.
Nach dem Stück geben zuerst die Spieler/innen, dann die Zuschauer Feedback.

1 **Theaterrollenspiel** – Dienstbesprechung im Kindergarten

Finden Sie fünf freiwillige Spieler/innen, die nach kurzer Absprache die Rollen auf den jeweiligen Kärtchen übernehmen und dann im Plenum ihr Stück spielen. Die Ausgangssituation stellt eine Dienstbesprechung im Kindergarten dar. An der Besprechung nehmen außer der Kitaleitung, Manuela Carstens, die Erzieherinnen Cornelia Heinrich und Sarah August, die Praktikantin Laura Peters und der Zivildienstleistende Paul Schröder teil.

Was mir aufgefallen ist, was mir gefallen hat.

Beachten Sie dabei die folgenden Feedbackregeln:
- Geben Sie positives Feedback.
- Sagen Sie Ich statt Du.
- Sprechen Sie die Sachebene an.

2 Erinnern Sie sich an Ihre letzte Teambesprechung:

- Was wurde besprochen?
- Wie ist sie abgelaufen?
- Wer hat zu wem gesprochen?

LF 5 2.1

Zeichnen Sie nach folgendem Schema die Teambesprechung nach:

- Wer sitzt wo?
- Wer spricht viel (1), wer wenig (0)?
- Gibt es eine Führerin (F)?
- Wer folgt ihr (f)?
- Wer lenkt ab, sorgt für Humor, macht den Clown ( )?
- Wer „spielt“ den Sündenbock, die Außenseiterin ( )?
- Wer „mimt“ den Schlauberger (!)?

Darüber hinaus gibt es noch eine Menge anderer Rollen.
So können Sie die Beziehungsebene einzeichnen:
Pfeil = Beziehung zwischen zwei Personen (je dicker der Strich, desto stärker die Beziehung. Mit einer Pfeilrichtung kann man z. B. eingeben, in welcher Richtung sich mehr Beziehungsintensität bewegt.)
Blitz = Konflikt zwischen den Personen,
Blitz in Klammern = verdeckter Konflikt

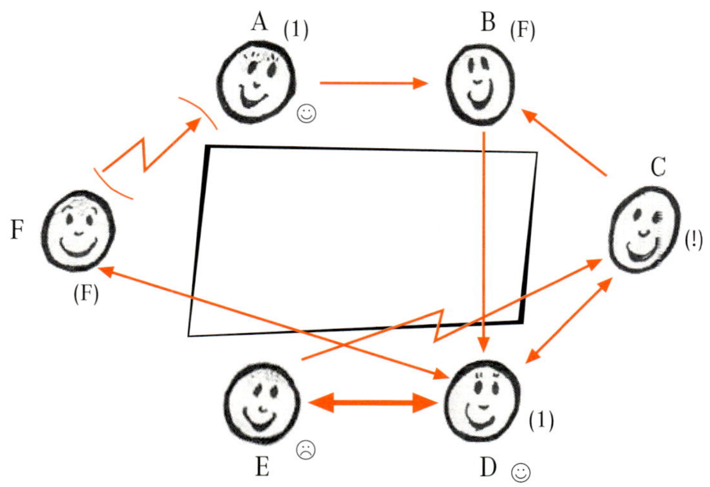

3 Gehen Sie nun in die Gruppenarbeit und organisieren im Theaterrollenspiel eine gute und effektive Teambesprechung. Sie können wieder die gleiche Ausgangssituation und die Rollenvorgaben auf der folgenden Seite dafür nutzen. Diskutieren Sie danach die Unterschiede und Gemeinsamkeiten aller „Vorstellungen“.

LF 5 2.4

4 Um Teambesprechungen effektiv zu nutzen, können Sie einiges tun. Lesen Sie Kapitel 2.4 und überlegen Sie was Sie tun können, um Teambesprechungen für sich sinnvoll zu nutzen. Nutzen Sie die folgenden Fragen, um sich einen Leitfaden für die Vorbereitung zu schaffen.

- Was will ich?
- Was will ich hier heute ansprechen?
- Was will ich (nicht) sagen?
- Wie fühle ich mich jetzt?
- Was habe ich/haben wir heute hier erreicht?
- Was muss noch besprochen werden?

Rollen-Karten für das Theaterrollenspiel „Dienstbesprechung in der Kita“

Dienstbesprechung im Kindergarten „Die kleinen Hotzenplötze“

Ort: Büro der Kitaleitung, Schreibtisch, Telefon, Besprechungstisch, sechs Stühle

Es spielen mit:
Manuela Carstens (Leitung), die Erzieherinnen Cornelia Heinrich und Sarah August, die Praktikantin Lara Fischer und der Zivi Paul Schröder

Du bist jetzt Sarah August.
Du bist Erzieherin und arbeitest seit zwei Jahren hier. Du bist kontaktfreudig und arbeitest gerne im Team. Du tust viel für das gemeinsame Ganze. Deinen Kolleginnen gegenüber verhälst du dich hilfsbereit und unterstützend. Du übernimmst gerne Aufgaben und in Konfliktsituationen versuchst du auszugleichen und zu vermitteln.

Dienstbesprechung im Kindergarten „Die kleinen Hotzenplötze“

Ort: Büro der Kitaleitung, Schreibtisch, Telefon, Besprechungstisch, sechs Stühle

Es spielen mit:
Manuela Carstens (Leitung), die Erzieherinnen Cornelia Heinrich und Sarah August, die Praktikantin Lara Fischer und der Zivi Paul Schröder

Du bist jetzt Manuela Carstens.
Du leitest den Kindergarten seit knapp einem Jahr. Du bist die Leitung und lässt das die anderen auch wissen und spüren. Du bist allerdings nicht sehr entscheidungsfreudig und wirkst unzufrieden und angespannt. Du hälst Distanz zu deinen „Untergebenen“. Deine Meinung: Privates gehört nicht auf die Arbeit.

Dienstbesprechung im Kindergarten „Die kleinen Hotzenplötze“

Ort: Büro der Kitaleitung, Schreibtisch, Telefon, Besprechungstisch, sechs Stühle

Es spielen mit:
Manuela Carstens (Leitung), die Erzieherinnen Cornelia Heinrich und Sarah August, die Praktikantin Lara Fischer und der Zivi Paul Schröder

Du bist jetzt Cornelia Heinrich.
Du bist schon fast acht Jahre als Erzieherin in diesem Kindergarten beschäftigt. Die Arbeit macht dir Spaß. Du hast im Team eine starke Position. Wenn Entscheidungen anstehen, bist du am meisten gefragt. Du fühlst dich als „geheime“ Leitung.

Dienstbesprechung im Kindergarten „Die kleinen Hotzenplötze“

Ort: Büro der Kitaleitung, Schreibtisch, Telefon, Besprechungstisch, sechs Stühle

Es spielen mit:
Manuela Carstens (Leitung), die Erzieherinnen Cornelia Heinrich und Sarah August, die Praktikantin Lara Fischer und der Zivi Paul Schröder

Du bist jetzt Lara Fischer.
Du machst hier dein Praktikum. Du hast viele gute Ideen und hast den Eindruck manchmal nicht ganz ernst genommen zu werden. Du denkst, man könnte hier Vieles besser organisieren. Du wirst des Öfteren für Missverständnisse verantwortlich gemacht. Du wirkst dadurch ein wenig verunsichert, manchmal aber auch ein wenig rebellisch.

Dienstbesprechung im Kindergarten „Die kleinen Hotzenplötze“

Ort: Büro der Kitaleitung, Schreibtisch, Telefon, Besprechungstisch, sechs Stühle

Es spielen mit:
Manuela Carstens (Leitung), die Erzieherinnen Cornelia Heinrich und Sarah August, die Praktikantin Lara Fischer und der Zivi Paul Schröder

Du bist jetzt Paul Schröder.
Du bist hier der Zivi. Du glänzt oft durch schlaue Worte und wirkst dabei etwas besserwisserisch. Du machst gerne Späße und bist witzig. Du bist sehr kontaktfreudig und arbeitest gerne im Team und mit den Kindern. Nach dem Zivildienst möchtest du Pädagogik studieren.

Jmpuls 4: Methoden zur Teamentwicklung – eine Jdeenbörse

LF 5 2.5

Vergegenwärtigen Sie sich die Informationen aus Lernfeld 5, Impuls 1 „Entwicklung eines persönlichen Berufsbilds“ in diesem Arbeitsheft. Welche Konsequenzen sollten Einrichtungen aus dem Professionalisierungsprozess ziehen?

Veranstalten Sie eine Ideenbörse und sammeln Sie hier Ideen für konkrete professionelle Angebotserweiterungen (z. B. Essen für ältere Mitmenschen im Stadtteil oder Vermietung der Kita-Räumlichkeiten für Veranstaltungen usw.) von Kindertagesstätten oder anderen sozialpädagogischen Einrichtungen als Dienstleistungsunternehmen. Sie können auch ein anderes Thema (z. B. Aktionsplanung für das nächste Schulfest) bearbeiten. Wichtig ist die Durchführung der einzelnen Schritte.

LF 5

1 Ziele bestimmen

Welche Dienstleistung möchten wir anbieten?

Schritt 1: Ziel-Formulierung

↓

Schritt 2: Ziel-Kontext

↓

Schritt 3: Ziel-Überprüfung

2 Sammeln

Hinweis

Hier kann ein Moderationsteam die Sammlung strukturieren. Nutzen Sie auch die Methoden Brainstorming und Metaplan (Kap 2.5).

3 Umsetzen

Arbeiten Sie in Kleingruppen, die jeweiligen Vorschläge und Ideen möglichst praxisnah aus.

Präsentieren Sie nun im Plenum die einzelnen Vorschläge und entscheiden Sie sich für ein Projekt. Begründen Sie Ihre Entscheidung.

Unmittelbar vor der Umsetzungsphase erstellen Sie einen Plan, möglichst konkret und am Ziel orientiert.

Beantworten Sie hierfür die folgenden Fragen:

- Wann (geht's los?) und
- Wie lange planen Sie diesen Entwicklungsprozess? Machen Sie einen konkreten Zeitplan, um auch abschätzen zu können, ob Ihr Projekt noch fristgemäß umzusetzen ist.
- Wer ist beteiligt, wer verantwortlich? Klare Kommunikations- und Zuständigkeitsstrukturen verbessern die Zusammenarbeit und erleichtern die Organisation.
- Woran merken Sie, dass Sie noch „im Plan sind“? Dieses Erfolgs-Controlling dient vor allem der Selbstkontrolle um zu verhindern, dass schöne Projekte irgendwann im Sand verlaufen.

Phase Phasen benennen, die notwendig sind, Ihre Vision zu verwirklichen	**Zeitplan** Zeitraum festlegen, wann diese Phase beginnt und wann sie abgeschlossen sein muss, um zur nächsten Phase überzugehen	**Kontrolle** Personen, die verantwortlich sind, diese Phase zu leiten. Es sollten Termine vereinbart werden, um den Arbeitsprozess zu reflektieren und den Zeitplan zu überprüfen.
1		
2		
3		
4		
...		

(Nach: Marketing für Kindertagesstätten, Pragma GmbH, Bochum)

Jmpuls 5: Gruppenarbeit reflektieren

Bd 2, LF 5
Kap. 2.5

1 Fertigen Sie in der Gruppe ein Mindmap zum Berufsbild Erzieher/Erzieherin an. Die Beschreibung der Methode finden Sie im Lehrbuch.

Orientieren Sie sich dabei an folgenden Leitfragen:
- Wo und mit wem arbeitet eine Erzieherin?
- Welche Aufgabenbereiche muss eine Erzieherin erfüllen?
- Welche Fähigkeiten muss eine Erzieherin haben?
- Welche Einstellung sollte eine Erzieherin zu ihrem Beruf, zu Kindern, zu Eltern und zu sich selbst haben?
- Welche Rolle spielt die Erzieherin in der Gesellschaft und was kann eine Erzieherin mit ihrer Arbeit bewirken?

Benutzen Sie hierzu ein großes DIN A2 Blatt. Für Ihre Vorüberlegungen können Sie die Vorlage auf der nächsten Seite ausfüllen.

2 Vergegenwärtigen Sie sich nun die geleistete Arbeit mit der Gruppe. Erinnern Sie sich dabei besonders an den Teamprozess:
- Wer hatte welche Rolle?
- Wer hat was gesagt?
- Wie wurden Absprachen geregelt?
- Wurden sie überhaupt geregelt?
- Wie wurden Aufgaben verteilt? Durch wen?
- Wie haben Sie sich in Ihrem Team gefühlt?

Machen Sie sich Notizen oder eine Zeichnung zum vorangegangenen Teamprozess.

Was mir aufgefallen ist:

3 Reflektieren Sie danach die Teamarbeit in Ihrer Arbeitsgruppe auf der Metaebene vor dem Hintergrund Ihrer Überlegungen.

Methodenhinweis

Die Metaebene ist eine übergeordnete gedankliche Ebene, auf der man sich nicht mit den Inhalten der Gruppenarbeit beschäftigt, sondern mit den äußeren und inneren Umständen wie die Arbeit abgelaufen ist. Man spricht dann z. B. über die Rollenverteilung, wer was wie gesagt hat, die Dynamik und Gefühle in der Gruppe während der Arbeit usw. Das Wort Meta kommt aus dem Griechischen und wird meist in der Bedeutung von über-, ober- oder außerhalb verwendet.

4 Fassen Sie Ihre Eindrücke und Ergebnisse zusammen und stellen Sie sie im Plenum vor. Diskutieren Sie Gemeinsamkeiten und Unterschiede.

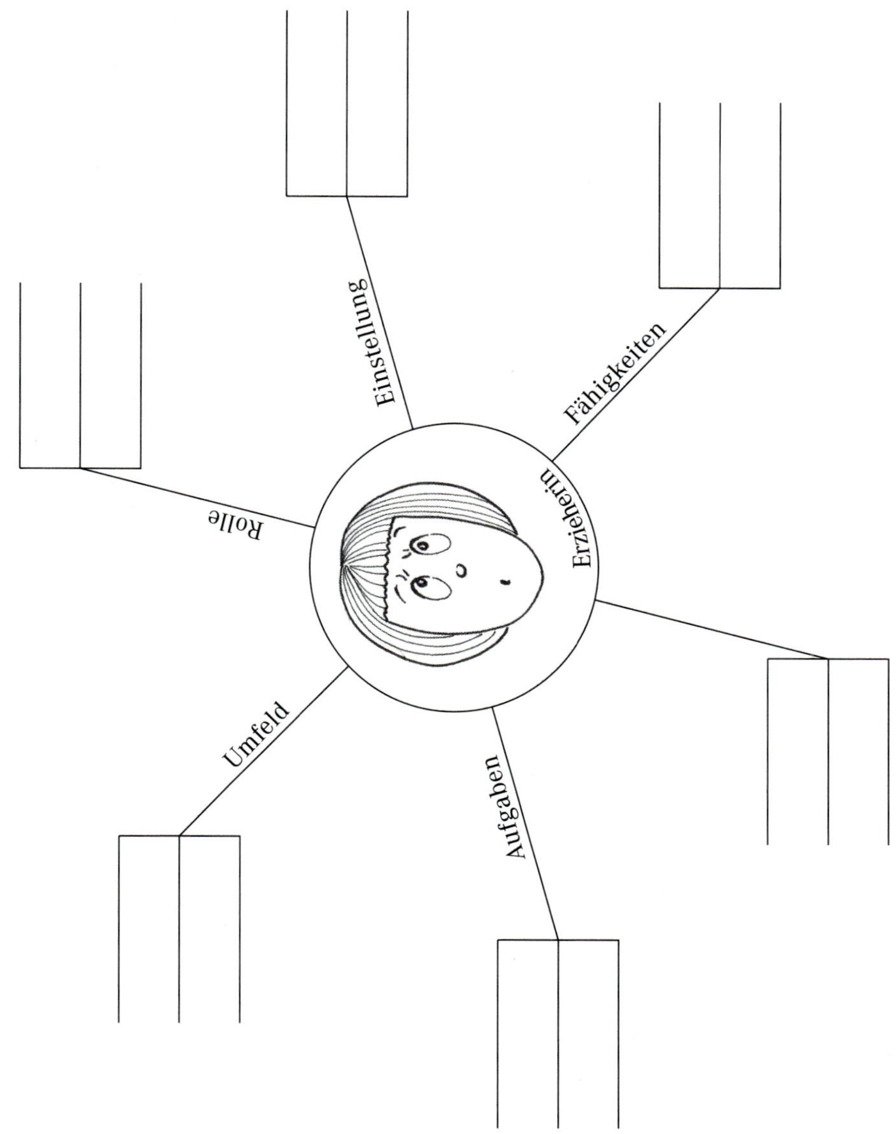

Jmpuls 6: Gegenseitige Erwartungen von Eltern und Erziehern

Bd 2, LF 5
Kap. 3.1

Zirafeta möchte nach der Ausbildung im Elementarbereich arbeiten und überlegt, bei welchen Einrichtungen sie sich bewerben soll. Sie hat die Möglichkeit, in einer Elterninitiative zu beginnen, doch ist sie sich nicht sicher, ob ihr das gefallen würde. Die Eltern bilden den Vorstand und haben viel mehr Mitspracherechte als bei anderen Trägern. Außerdem arbeiten die Eltern im Tagesablauf mit – Zirafeta befürchtet, dadurch sehr nervös zu sein, da sie sich wahrscheinlich beobachtet fühlen wird. Vor allem stellt sie sich die Arbeit schwer vor, wenn sie manche Eltern dann nicht so gut leiden kann. Es würde sehr viel Professionalität verlangen, dann trotzdem „vernünftig“ zusammenzuarbeiten. Und wenn man sie dann noch kritisieren würde ...

Da gefällt es ihr in ihrer momentanen Praxisstelle – einer integrativen Einrichtung – besser. Sie kennt nicht alle Eltern, da einige Kinder von einem Fahrdienst gebracht und abgeholt werden, so dass meist nur telefonischer und schriftlicher Kontakt zu den Eltern besteht. Aber die anderen Eltern sind immer sehr freundlich. Auch die Art, wie sie mit ihren Kindern umgehen, gefällt Zirafeta. Und als sie ein Projekt mit den Kindern durchgeführt hat, haben die Eltern ihr sehr geholfen, haben den Kindern Material mitgegeben und sind extra für eine Modenschau in den Kindergarten gekommen.

In einer Regeleinrichtung hat Zirafeta einmal an einem Elternabend teilgenommen. Sie war nur Beobachterin, aber das reichte ihr schon. Es fanden heftige Diskussionen zwischen den Eltern – vor allem den Vätern – und den Erziehern statt. Damals ging es darum, dass die Eltern verlangten, dass im Kindergarten Englischkurse angeboten werden und die Erzieher dagegen waren. Zirafeta weiß gar nicht mehr, wie die Diskussion ausgegangen ist, aber sie selbst wäre ziemlich überfordert und verängstigt gewesen.

Klar, sie weiß schon, dass die Arbeit ohne Eltern nicht machbar ist und dass es für die Kinder wichtig ist, dass Erzieher und Eltern an einem Strang ziehen. Aber Zirafeta hofft, dann eine kompetente und am liebsten etwas ältere Kollegin an ihrer Seite zu haben, die sie unterstützen kann. Wenn sie darüber nachdenkt, beneidet sie öfters Renate, die schon älter ist und selber ein Kind hat.

Leider kann man sich die Eltern vorher ja nicht ansehen oder aussuchen. Sonst würde Zirafeta sich wünschen, ...

1 Welche Befürchtungen und welche Wünsche kommen zum Ausdruck, wenn Zirafeta an die Arbeit mit Eltern denkt?

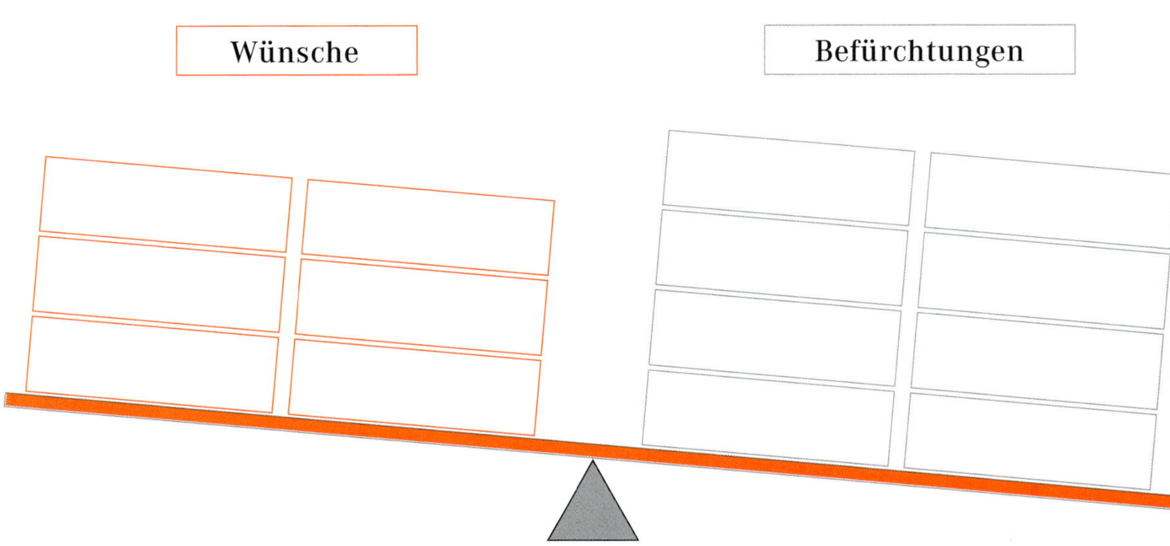

2 Denken Sie an Ihre eigenen Erfahrungen: Finden Sie eigene Wünsche und Befürchtungen auf der Waage wieder?

Markieren Sie Überschneidungen oben farbig. Formulieren Sie Unterschiede und Ergänzungen hier unten.

3 **Karussell – Methode**

a) Setzen Sie sich paarweise in einer Kreisform gegenüber, so dass sich ein Innen- und ein Außenkreis ergeben.
Diejenigen im Innenkreis beginnen, dem Partner ihre Ergebnisse und eigenen Erfahrungen vorzustellen. Sie haben fünf Minuten Zeit.
Die Zuhörer im Außenkreis passen auf, machen sich bei Bedarf Notizen. Nach den fünf Minuten können sie kurz ihre Eindrücke rückmelden.

b) Dann gehen die Studierenden im Außenkreis zwei Plätze weiter nach rechts. Für den Austausch mit dem neuen Partner stehen wieder fünf Minuten zur Verfügung. Diesmal beginnen die Studierenden im Außenkreis, diejenigen im Innenkreis hören zu und machen sich Notizen.
In einer weiteren Runde beginnt wieder der Innenkreis.

4 Überlegen Sie gemeinsam aufgrund des Gehörten, wie Sie die Ergebnisse darstellen.

Diskutieren Sie abschließend Chancen und Gefahren, die in den Wünschen und Befürchtungen enthalten sein können. Halten Sie diese schriftlich fest.

Methodenhinweis

Zählen Sie im Plenum bis sechs durch. Jede Zahl ist für eine Person zuständig:

1: eine Mutter der Elterninitiative
2: Eltern der integrativen Gruppe
3: ein Vater der Regeleinrichtung
4: Zirafeta in der Elterninitiative
5: Zirafeta in der integrativen Gruppe
6: Zirafeta in der Regeleinrichtung

5 Professionalität verlangt – unabhängig von den eigenen Einstellungen – andere Sichtweisen einzunehmen und andere Menschen zu verstehen. Dazu soll die folgende Übung mit Bezug auf die Eingangssituation dienen.

Beschreibung für 1:
Sie sind Mutter einer 4-jährigen Tochter und lassen Ihr Kind in einer Elterninitiative betreuen. Sie zahlen einen höheren Beitrag, als es in einer Einrichtung eines anderen Trägers erforderlich wäre. Und Sie sind bereit, einmal in der Woche in der Gruppe mitzuarbeiten.

Beschreibung für 2:
Sie sind Eltern einer 4-jährigen Tochter in einer integrativen Gruppe. Die Einrichtung liegt in einem anderen Ort, und Sie fahren Ihr Kind morgens dorthin. Sie interessieren sich für die Arbeit in der Einrichtung und sind gerne bereit, dabei mitzuwirken, wenn man Sie darum bittet.

Beschreibung für 3:
Sie sind Vater einer 4-jährigen Tochter in einer Regeleinrichtung. Sie haben von anderen Einrichtungen gehört, dass dort Fremdsprachenkurse für Kinder angeboten werden. Sie sind von dieser Möglichkeit begeistert und möchten, dass auch Ihr Kind möglichst früh Englisch lernt.

Beschreibung für 4 - 6:
Sie sind Zirafeta und (4) haben sich für die Arbeit in der Elterninitiative entschieden, (5) arbeiten in der integrativen Einrichtung, (6) arbeiten als Erzieherin in der Regeleinrichtung.

Aufgabe für 1 - 3:
Versuchen Sie, sich in die Person hineinzuversetzen und sich ein Bild von ihr zu machen. Halten Sie Ihre Ideen in einem Mindmap fest:

Wie sind die Lebensumstände der Person?
Welche Einstellungen hat sie in Bezug auf Kindererziehung?
Welche Wünsche und Befürchtungen hat sie in Bezug auf ihr Kind?
Was ist ihr in Bezug auf die Betreuung ihrer Tochter wichtig?
Welche Erwartungen hat sie an die Erzieher?

Aufgabe für 4 – 6:
Versuchen Sie, sich in Zirafeta hineinzuversetzen und sich ein Bild von ihr zu machen. Halten Sie Ihre Ideen in einem Mindmap fest:

Welche Einstellungen hat Zirafeta den Eltern gegenüber?
Was ist ihr in Bezug auf die Zusammenarbeit mit den Eltern wichtig?
Welche Erwartungen hat sie an die Eltern?

6 Finden Sie sich in sechs Gruppen mit jeweils der gleichen Zahl zusammen.

Aufgabe für alle Gruppen:

a) Erstellen Sie in Ihrer Gruppe eine Übersicht der individuellen Ergebnisse. Diskutieren Sie Gemeinsamkeiten und Unterschiede.

b) Nutzen Sie Ihre Ergebnisse als Grundlage für folgende Aufgabe:

Aufgabe für Gruppe 1:
Schreiben Sie Zirafeta einen Brief, in dem Sie ihr erklären, warum Sie Ihr Kind in einer Elterninitiative betreuen lassen. Erläutern Sie Zirafeta auch, was Sie dort von einer Erzieherin erwarten.

Aufgabe für Gruppe 2:
Schreiben Sie Zirafeta einen Brief, in dem Sie ihr erklären, warum Sie sich für die Arbeit in der Einrichtung interessieren und gerne mitarbeiten. Erläutern Sie Zirafeta auch, was Sie dort von einer Erzieherin erwarten.

Aufgabe für Gruppe 3:
Schreiben Sie Zirafeta einen Brief, in dem Sie ihr erklären, warum Sie möchten, dass Ihr Kind früh Englisch lernt. Erläutern Sie Zirafeta auch, was Sie von einer Erzieherin erwarten.

Aufgabe für Gruppe 4 – 6:
Schreiben Sie (4) der Mutter, (5) den Eltern, (6) dem Vater einen Brief, in dem Sie ihnen erklären, wie Sie über Elternarbeit denken und wie Sie sich die Zusammenarbeit wünschen. Erläutern Sie den Eltern auch, was Sie von ihnen erwarten.

c) Tauschen Sie die Briefe aus: Gruppe 1 mit 4, Gruppe 2 mit 5, Gruppe 3 mit 6.
Lesen Sie gemeinsam den erhaltenen Brief. Äußern Sie mithilfe von Redekärtchen Ihre Meinungen zum Inhalt und zur formalen Ausdrucksweise des Briefes.

Methodenhinweis

Redekärtchen erstellen Sie leicht, indem jeder Studierende ein DIN A6 Blatt Papier (am besten in unterschiedlichen Farben) in vier Teile teilt. Wenn er seine Meinung äußern möchte, legt er eine Karte aus. Wenn jemand alle Kärtchen verbraucht hat, dann muss derjenige erst abwarten, bis die anderen Teammitglieder ihre Karten ebenfalls durch Beiträge verbraucht haben. Erst dann kann eine zweite Runde eingeläutet werden.

d) Antworten Sie schriftlich auf den Brief. Tauschen Sie dann Ihre Briefe erneut aus.

7 Reflektieren Sie Ihre Erfahrungen im Plenum:
- Fiel es Ihnen leicht, sich in die Personen hineinzuversetzen?
- Waren die individuellen Vorstellungen über die Personen sehr unterschiedlich, als Sie in den Gruppen zusammen kamen?
- Welche Erfahrungen haben Sie als Gruppe beim Erstellen der Briefe gemacht?
- Welche inhaltlichen Schlussfolgerungen ziehen Sie aus den Briefwechseln?

8 Halten Sie fünf Erkenntnisse für sich persönlich fest:

1. ______________________________

2. ______________________________

3. ______________________________

4. ______________________________

5. ______________________________

9 Wie stellen Sie sich Ihre eigene Kommunikation mit Eltern vor?
Listen Sie Ihre Gedanken in der Karteikarte auf:

Was erwarte ich von den Eltern?	Was muss gegeben sein, damit ich mich im Umgang mit Eltern sicher fühle?
Wie möchte ich die Kommunikation mit Eltern gestalten?	**Welche Fähigkeiten benötige ich im Umgang mit Eltern?**

10 Setzen Sie sich zu zweit zusammen, und interviewen Sie sich gegenseitig. Erst befragt die eine Person ihren Partner gezielt über die Ergebnisse. Danach wechseln die Rollen.
Wenn sich dadurch neue Gedanken ergeben, können diese in der Karteikarte ergänzt werden. Oder Aspekte werden noch einmal überdacht und verändert.

11 Nutzen Sie die Ergebnisse für Ihr weiteres Praktikum. Besprechen Sie mit Ihrer Praxisanleitung, inwieweit Sie sich in die Elternarbeit einbringen können und weitere erforderliche Fähigkeiten erwerben können.

Jmpuls 7: Schriftliche Kommunikation mit Eltern

., LF 5
. 3.3

Olga hat die Aufgabe bekommen, eine Einladung an die Eltern zu einem Elternabend zu schreiben. Bei der nächsten Teamsitzung legt sie ihren Entwurf vor. Die Erzieherinnen schütteln nur den Kopf. SO NICHT:

Köln 02.02.07

HALLO!

Das Außengelände mus umgestaltet werden. wir würden uns freuen wenn sich am 05.05. möglichst viele kommen und mithelfen.

Eine Woche vorher findet ein Elternabend Statt, um den Ablauf zu planen!!!

Das Kiga-Team Sonnenkinder

Zu Ihrer Info: Das wollen wir nicht mehr:

Der Lebensraum Stadt zeichnet sich mehr und mehr durch den Verlust von Freiflächen aus – Baulücken werden durch neue Häuser geschlossen, Brachland als Parkplatz zubetoniert. Gelände ist oft „privat“ und deshalb nicht zugänglich. Freiflächen in Stadtteilen, die sich Kinder selbstständig erobern und gestalten können, sind äußerst selten geworden. Wo können Kinder außerhalb der Stadt noch unbeobachtet in einem Schuppen oder einer Garage kramen, ein Waldstück entdecken oder in einen Bach fallen, in einer Werkstatt unter eine Motorhaube schauen? Die Zunahme des Autoverkehrs führt außerdem zu einer starken Gefährdung der Kinder, die sich in diesem öffentlichen Raum bewegen oder gar spielen wollen. Dies führt dazu, dass die Stadt den Charakter einer Insellandschaft bekommt: Für jedes Bedürfnis gibt es einen bestimmten, zugewiesenen Platz.
Weil die Stadt aber so eng und gefährlich geworden ist, werden Kindern eigens zum Spielen gestaltete Plätze zu Verfügung gestellt. Schon die ersten Spielplätze zeigten die typischen Merkmale: Umzäunung und Spielgeräte wie Sandkasten, Schaukel, Wippe. Damit geben sie Kindern zu manchen elementaren Bewegungsbedürfnissen Möglichkeit. Dennoch sind die Möglichkeiten traditioneller Spielplätze begrenzt. Spielplätze regen nicht an zu intensiven Gemeinschaftsspielen wie Rollenspielen oder Wettspielen...

1 Warum sind die Erzieherinnen mit Olgas Einladungsbrief unzufrieden?

a) Beachten Sie fachliche Kriterien für die schriftliche Kommunikation mit Eltern in „Kein Kinderkram!“, Band 2, LF 5, Kap. 3.3.1.

b) Markieren Sie Fehler, unpassende Formulierungen, inhaltliche und formale Mängel. Am Rand können Sie auch Anmerkungen machen.

2 a) Vergleichen Sie in Vierer-Gruppen Ihre Korrekturen und Anmerkungen, und vervollständigen Sie sie.

b) Entwickeln Sie ein Rollenspiel, indem Sie die Teamsitzung darstellen, in der Olga ihren Brief vorlegt. Die Erzieherinnen besprechen mit Olga den Brief.

c) Die Rollenspiele werden vorgestellt und reflektiert:
Wie haben die Erzieherinnen Olga beraten?
Welche Kriterien sind allen Gruppen wichtig gewesen? Halten Sie diese Kriterien fest:

3 Sammeln Sie Elternbriefe, Einladungen, Infotexte für Eltern etc., und bringen Sie diese zu einem vereinbarten Termin mit.

a) Bilden Sie Kleingruppen und legen Sie das mitgebrachte Material in die Mitte. Jedes Gruppenmitglied hat zunächst Zeit, sich die Materialien ungestört anzusehen und sich Stichworte dazu aufzuschreiben:

- Was fällt mir auf?
- Welche Kriterien werden berücksichtigt – welche außer Acht gelassen?
- Was gefällt mir – was eher nicht?

b) Tauschen Sie mithilfe von Redekärtchen (Methodeninfo siehe LF 5, Impuls 6) Ihre Meinungen aus. Einigen Sie sich, welche Materialien gelungen sind, und sortieren Sie diese aus.

c) Stellen Sie die positiven Merkmale dieser Materialien heraus:

d) Übertragen Sie die Merkmale auf ein Plakat.

e) Üben Sie sich darin, Ihre Materialien mündlich anzupreisen, die Qualität zu betonen und mithilfe des Plakates zu erklären. Achten Sie darauf, dass sich alle Gruppenmitglieder beteiligen.

4 Marktgeschrei

a) Die Gruppen bauen ihre Stände auf, möglichst in einer Kreisform.
Dann werden nacheinander (!) die ausgewählten Materialien angepriesen, lautstark und anschaulich, um die Zuhörer von der besonderen Qualität der eigenen Produkte zu überzeugen.

b) Reflektieren Sie Ihre Erfahrungen und Ergebnisse. In einem Blitzlicht kann jede Studierende kurz Stellung nehmen.

5 Erstellen Sie für Olga einen neuen, anschaulichen, inhaltlich und formal korrekten Einladungsbrief. Beachten Sie die bisher erarbeiteten Kriterien und Merkmale.

6 Hängen Sie alle Einladungsbriefe in der Klasse auf, und nummerieren Sie sie.

a) Schauen Sie sich die Einladungen in Ruhe an. Dabei sollten Sie nicht miteinander sprechen, um sich nicht gegenseitig zu beeinflussen. Stattdessen notieren Sie Ihre Gedanken in Stichworten – mit der zugehörigen Nummer versehen, um den Überblick zu behalten.

b) Danach erhält jede Studierende einen kleinen Zettel zur Beurteilung: Schreiben Sie drei Nummern von den ausgehängten Einladungen auf, die Ihrer Meinung nach die Kriterien besonders berücksichtigt haben und Ihnen gut gefallen haben. Die Zettel werden wie bei einer geheimen Wahl ausgezählt.

c) Diskutieren Sie das Ergebnis.

Jmpuls 8: Ausflüge und Feste

Bd 2, LF 5
Kap. 3.3.2

In die Welt hinausgehen – Die Welt in den Kindergarten holen

1 Stimmen Sie darüber ab, ob Sie sich mit der Planung einer Feier oder eines Ausflugs beschäftigen möchten.

Hinweis

In diesem Impuls werden die Aufgaben am Beispiel einer Ausflugsplanung formuliert. Die Überlegungen für ein Fest wären aber identisch – lediglich die inhaltlichen Schwerpunkte würden sich verschieben.

2 **Planspiel:**

Die Lehrperson erklärt die Methode des Planspiels.

a) Lesen Sie gemeinsam vor Beginn folgende Ausgangssituation, und klären Sie eventuelle Fragen:

Der katholische Kindergarten „St. Josef" liegt in einem kleinen Dorf in einer ländlichen Gegend. Die Einrichtung besteht aus zwei Gruppen: einer Regelgruppe mit 25 Kindern von drei bis sechs Jahren und einer altersgemischten Gruppe mit 20 Kindern von null bis sechs Jahren. Drei Kinder sind unter einem Jahr alt, die Übrigen sind vom Alter her recht gleichmäßig verteilt.
In der Regelgruppe arbeiten eine Erzieherin und eine Kinderpflegerin sowie eine Berufspraktikantin, die alle zwei Wochen mittwochs zur Schule muss. Die Erzieherin ist 30 Jahre alt und seit fünf Jahren Gruppenleiterin. Seitdem arbeitet sie auch mit der Kinderpflegerin zusammen. Die Kinderpflegerin ist 40 Jahre alt, hat selber zwei Kinder und arbeitet schon seit 15 Jahren in der Einrichtung.
Der 22-jährigen Berufspraktikantin fiel der Einstieg nicht leicht, da die beiden Fachkräfte schon so eingespielt waren. Inzwischen hat sie sich aber eingelebt.
In der anderen Gruppe sind zwei Erzieherinnen und eine Kinderpflegerin tätig. Eine Erzieherin ist 24 Jahre alt und seit einem Jahr Gruppenleiterin. Die andere Erzieherin ist ebenfalls 24 Jahre alt und erst seit einem halben Jahr in der Einrichtung. Die Kinderpflegerin ist mit 20 Jahren die Jüngste. Sie ist Türkin und seit fünf Jahren in Deutschland. Nach der Ausbildung hat sie in diesem Kindergarten eine Stelle gefunden.
Die Leiterin der Einrichtung ist freigestellt. Sie ist

35 Jahre alt und seit fünf Jahren Leiterin dieser Einrichtung.
In der letzten Großteamsitzung wurde beschlossen, nach langer Zeit endlich mal wieder einen Ausflug zu machen. Fragen über Ausflugsort, Teilnehmer, Kosten, Organisation usw. blieben noch offen.
Die Mitarbeiter der Regelgruppe sind bereit, Ausflugsideen zu entwickeln. Alle Übrigen sollen sich Gedanken machen über ihre Erwartungen und Ziele. Auch die Eltern wurden durch einen Aushang informiert.

Methodenhinweis

Bilden Sie für das Planspiel vier Zufallsgruppen.
Jeder Gruppe wird nun eine Personengruppe zugeordnet: Mitarbeiter der Regelgruppe, Leitung, Eltern, Mitarbeiter der altersgemischten Gruppe.
Jede Gruppe erhält eine eigene Aufgabenstellung.
Die Lehrperson legt ein Zeitlimit fest.
Gespräche der Gruppen untereinander, wie sie in der Realität z.B. zwischen Eltern und Erziehern oder unter Kollegen zwischen den Gruppen oder mit der Leitung stattfinden, müssen schriftlich erfolgen. Die Briefe werden von der Lehrperson als Moderator weitergeleitet. Falls zwischen den Gruppen Besprechungen gewünscht werden, müssen diese mit der Lehrperson in der Länge abgesprochen werden.

b) Finden Sie sich zunächst in die beschriebene Situation und in die Personen ein. Eventuell verteilen Sie innerhalb Ihrer Gruppe die Zuständigkeit für einzelne Personen.
Beachten Sie die vorgegebene Zeit, die Aufgabe zu bearbeiten. Danach erfolgt eine neue Teamsitzung, an der jeweils ein Vertreter aus jeder Gruppe teilnimmt. Bestimmen Sie denjenigen erst am Ende der Arbeitsphase durch Auslosung.

Mitarbeiter der Regelgruppe (Erzieherin, Kinderpflegerin, Berufspraktikantin):

- Sie sammeln Ideen, wohin der Ausflug gehen könnte. Worauf müssen Sie achten? Was ist Ihnen wichtig? Haben alle Mitarbeiterinnen ähnliche Vorstellungen? Wieviele Vorschläge sind sinnvoll?

Denken Sie daran: Wenn Sie mit anderen Kollegen oder Eltern darüber sprechen wollen, geht dies hauptsächlich nur schriftlich über den Moderator/ die Lehrkraft.

- Stellen Sie Ihre Ideensammlung bei der nächsten Teamsitzung auf einem Plakat vor.

Leitung:

- Warum wollen Sie, dass nach längerer Zeit wieder ein Ausflug stattfindet? Welche Ziele sind Ihnen dabei wichtig? Notieren Sie diese auf gelben Moderationskarten.

- Was ist Ihnen bei der nächsten Teamsitzung wichtig? Worauf werden Sie achten? Machen Sie sich dazu Stichworte auf der „Karteikarte“ (siehe unten).

Mitarbeiter der altersgemischten Gruppe (zwei Erzieherinnen, Kinderpflegerin):
- Warum wollen auch Sie, dass ein Ausflug stattfindet? Welche Ziele sind Ihnen dabei wichtig? Notieren Sie diese auf grünen Moderationskarten.

- Ihnen werden auf der nächsten Teamsitzung Ausflugsmöglichkeiten vorgestellt werden: Welche Ausflugsarten werden Ihnen gefallen? Welche Interessen haben sie dabei? Worauf werden sie achten? Machen Sie sich dazu Stichworte auf der Karteikarte“ (siehe unten).

Denken Sie daran: Wenn Sie mit anderen Kollegen oder Eltern darüber sprechen wollen, geht dies hauptsächlich nur schriftlich über den Moderator/ die Lehrkraft.

Eltern:
Was halten Sie davon? Haben alle Eltern ähnliche Meinungen?
Welche Ziele sind Ihnen dabei wichtig? Notieren Sie diese auf blauen Moderationskarten.

Dem Elternvertreter werden auf der nächsten Teamsitzung Ausflugsmöglichkeiten vorgestellt: Was würden Sie sich wünschen? Welche Interessen haben Sie dabei? Worauf soll der Elternvertreter achten? Machen Sie sich dazu Stichworte auf der „Karteikarte“ (siehe unten).

Denken Sie daran: Wenn Sie mit den Mitarbeitern der Einrichtung darüber sprechen wollen, geht dies hauptsächlich nur schriftlich über den Moderator/die Lehrkraft.

c) **Die nächste Teamsitzung findet statt.** Aus jeder Gruppe nimmt ein Vertreter teil, auch ein Elternvertreter wurde eingeladen. Der Gruppenvertreter hat die Aufgabe, die Gruppenergebnisse innerhalb seiner Rolle (Leitung, Eltern, Erzieherin) in die Teamsitzung einzubringen.

Die Lehrkraft legt ein Zeitlimit fest.
Die Leiterin eröffnet die Sitzung.

Die übrigen Gruppenmitglieder sind Beobachter und dürfen sich während der Teamsitzung nicht äußern. Jegliche Gruppendiskussion kann erst später erfolgen.

Teamsitzung am ______________________

Thema: Unser nächster Ausflug

Teilnehmer: Leiterin, Vertreter der Eltern, der Regelgruppe und der altersgemischten Gruppe

TOP 1: Vorstellung der Ausflugsideen und der Ziele
Vergleich der Ziele und Zuordnung zu den Ausflugsmöglichkeiten

TOP 2: Diskussion und Einigung über den Ausflugsort und die angestrebten Ziele

TOP 3: Verteilung der weiteren Aufgaben:
(hier keine detaillierte Planung, sondern nur Aufgaben für die nächste Gruppenarbeit festlegen)

Was muss geregelt und geplant werden?
Wer übernimmt was?

➜ Übersicht erstellen

(mögliches Datum, Zeit/ Dauer, Transport, (zumutbare) Kosten, Verpflegung, Material, Geschehen vor Ort/ Ablauf, Elterneinbindung, ...)

Ergebnisse der Teamsitzung: Wer übernimmt was?

Leitung	Regelgruppe	altersgemischte Gruppe	Eltern

d) Nach der Teamsitzung erfolgt eine weitere Gruppenarbeitsphase, in der die Entscheidungen aus der Teamsitzung umgesetzt werden. Eventuell sind Gespräche oder Briefverkehr mit anderen Gruppen erforderlich?

Halten Sie Ihre Planungsergebnisse auf einem Plakat fest.

Losen Sie am Ende einen neuen Vertreter für die Teilnahme an der nächsten Teamsitzung aus. Die Vorherigen losen nicht mehr mit.

e) Die **abschließende Teamsitzung** vor dem Ausflug erfolgt.
Hängen Sie Ihre Plakate nebeneinander, so dass man einen guten Überblick erhält.
Jeder Vertreter erklärt und begründet die Entscheidungen seiner Gruppe. Diskutieren Sie die Ergebnisse, verändern Sie eventuell noch Aspekte.
Beschließen Sie die Sitzung mit einer endgültigen Entscheidung.

Ergebnis – Übersicht

Der Ausflug nach...

f) **Reflexion**:

Die Reflexion sollte zunächst innerhalb der Gruppe erfolgen. Diskutieren Sie dort Ihren Arbeits- und Gruppenprozess. Achten Sie darauf, dass jedes Gruppenmitglied Stellung nimmt.
Halten Sie zentrale Erkenntnisse schriftlich fest:

g) Besprechen Sie anschließend diese Aspekte im Plenum, indem jede Gruppe ein kurzes Statement abgibt und erst dann die freie Diskussion erfolgt.

- Beziehen Sie die Ergebnisse auf die Realität, die Sie bisher während Ihrer Praktika kennen gelernt haben.

Evaluation des Planspiels: Wie beurteilen Sie die Organisation, den Verlauf und die Methode?

Impuls 9: Ein Elterngespräch gestalten

Morgens, kurz vor acht im Flur der Kindertagesstätte:
Die Erzieherin Andrea Müller begrüßt Alfons und seine Mutter, Kristina Fleming. Alfons ist ein lebhaftes Kind, drei Jahre, mitten in der Trotzphase. Er steht im Eingangsbereich und weigert sich, die Gummistiefel auszuziehen. Die Mutter ist hilflos. Sie spricht Andrea an: „Ich fühle mich derzeit total überfordert mit der Erziehung von Alfons." Andrea antwortet: „Machen Sie sich nix draus', wird schon wieder..." Kristina wirkt jetzt noch hilfloser, Andrea weiß nicht was sie machen soll. Jetzt fühlt auch sie sich hilflos. Niemand sagt etwas, Alfons steht mit seinen Stiefeln auf der Sitzbank. Nach einer Weile schlägt Andrea ein Elterngespräch vor.

1 Spielen Sie im Theaterrollenspiel dieses Elterngespräch. Nehmen Sie noch folgende Rollen hinzu:

Daniela Sonne, Leiterin der Einrichtung, und den Vater von Alfons. Übernehmen Sie nach kurzer Absprache die Rollen auf den jeweiligen Kärtchen (siehe nächste Seite) ohne den anderen Ihre Rollenbeschreibung mitzuteilen. Lassen Sie ansonsten Ihrer Fantasie freien Lauf.

Der Rest der Gruppe schaut zu und macht sich Notizen. Danach dürfen die Schauspieler ihre Eindrücke schildern und beschreiben, wie sie sich während des Spiels gefühlt haben. Am Ende gibt die Gruppe Feedback.

Methodenhinweis

Theaterrollenspiel:
Beim Theaterrollenspiel ist eine Rollenvorgabe und eine Spielsituation vorgegeben. Beides soll jedoch genügend Gestaltungsspielraum zulassen. Als Einstieg in das Rollenspiel wird die betreffende Situation kurz erläutert, dass allen Beteiligten der Handlungsspielraum deutlich ist. Die vorgegebene Rollenmuster können individuell ausgestaltet werden. Auf den Rollenkarten sind die einzelnen Spielrollen beschrieben. Die freiwilligen Spieler/innen übernehmen nach kurzer Absprache die Rollen auf den jeweiligen Kärtchen (Kopievorlage auf der übernächsten Seite) ohne den anderen Ihre Rollenbeschreibung mitzuteilen. Der Rest der Ausbildungsgruppe schaut zu und macht sich Notizen.
Nach dem Stück geben zuerst die Spieler, dann die Zuschauer Feedback.

Feedback an die Spieler

Beachten Sie dabei die folgenden Feedbackregeln:
- Formulieren Sie Ihr Feedback positiv, z. B. „Was mir aufgefallen ist. , was mir gefallen hat...".
- Sagen Sie Ich statt Du.
- Sprechen Sie die Sachebene an.
- Stellen Sie Positives in den Vordergrund.

Kopiervorlage für die Rollenkarten zum Theaterrollenspiel „Elterngespräch"

Elterngespräch

Ort: Büro der Kindertagesstätte
Tisch, vier Stühle, Telefon, Schreibutensilien

Es spielen mit:
Daniela Sonne, Leiterin der Kita
Andrea Müller, Erzieherin
Kristina Fleming, Mutter von Alfons
Rainer Zeller, Vater von Alfons

Du bist jetzt Daniela Sonne.
Du leitest den Kindergarten seit acht Jahren. Du hast viele Jahre Berufserfahrung als Erzieherin.

Du bist ausgeglichen und liebst deinen Beruf.

Du verhälst dich loyal zu den Eltern und unterstützt deine Mitarbeiterinnen voll und ganz. Von Andrea hälst du viel, findest, dass sie ein bisschen selbstständiger werden sollte und überlässt zunächst ihr den Gesprächsanfang.

Deine Meinung: **Jeder ist wichtig**

Elterngespräch

Ort: Büro der Kindertagesstätte
Tisch, vier Stühle, Telefon, Schreibutensilien

Es spielen mit:
Daniela Sonne, Leiterin der Kita
Andrea Müller, Erzieherin
Kristina Fleming, Mutter von Alfons
Rainer Zeller, Vater von Alfons

Du bist jetzt Andrea Müller.
Du bist Erzieherin und arbeitest seit einem knappen Jahr hier. Es ist deine erste feste Stelle als Erzieherin.

Du hast viele gute Ideen, was man mit den Kindern machen kann. Die Mutter von Alfons tut dir leid. Du würdest ihr gern helfen, aber du weißt nicht wie.

Von Daniela erwartest du, dass sie dich in diesem Gespräch aktiv unterstützt.

Dein Motto: **Ich will helfen**

Elterngespräch

Ort: Büro der Kindertagesstätte
Tisch, vier Stühle, Telefon, Schreibutensilien

Es spielen mit:
Daniela Sonne, Leiterin der Kita
Andrea Müller, Erzieherin
Kristina Fleming, Mutter von Alfons
Rainer Zeller, Vater von Alfons

Du bist jetzt Rainer Zeller.

Du bist der Vater von Alfons.

Du kommst gerade von der Arbeit. Du arbeitest jeden Tag im Büro. Abends möchtest du deine Ruhe und deinem Hobby nachgehen. Wann immer du Zeit hast, kümmerst du dich um Alfons, aber die Arbeit und dein Hobby nehmen viel Zeit in Anspruch. **Du nimmst wahr, dass Kristina erschöpft wirkt, hast aber keine Ahnung warum.**

Elterngespräch

Ort: Büro der Kindertagesstätte
Tisch, vier Stühle, Telefon, Schreibutensilien

Es spielen mit:
Daniela Sonne, Leiterin der Kita
Andrea Müller, Erzieherin
Kristina Fleming, Mutter von Alfons
Rainer Zeller, Vater von Alfons

Du bist jetzt Kristina Fleming.

Du bist die Mutter von Alfons. Alfons ist dein erstes Kind und er trotzt momentan nur herum. Du findest das sehr anstrengend. Du arbeitest halbtags in einem Fotolabor. Du findest, Rainer sollte sich öfter um Alfons kümmern als nur seinem Hobby nachzugehen.

Du wirkst erschöpft und suchst Hilfe.

LF 5 3.4

3 Bereiten Sie nach dem folgenden Schema ein Elterngespräch vor.

a) Was muss vor einem Elterngespräch beachtet werden?

b) Was muss während eines Elterngesprächs beachtet werden?

c) Was muss nach einem Elterngespräch beachtet werden?

LF 5 2.5

4 Erstellen Sie abschließend eine Mindmap zur Organisation eines Elterngesprächs. Eine Vorlage dazu finden Sie auf der nächsten Seite.

5 Sie können nun die Situation in einem Rollenspiel durchspielen. Der Rest der Gruppe schaut zu und macht sich Notizen. Danach dürfen die Schauspieler ihre Eindrücke schildern, wie sie sich während des Spiels gefühlt haben. Am Ende gibt die Gruppe Feedback.

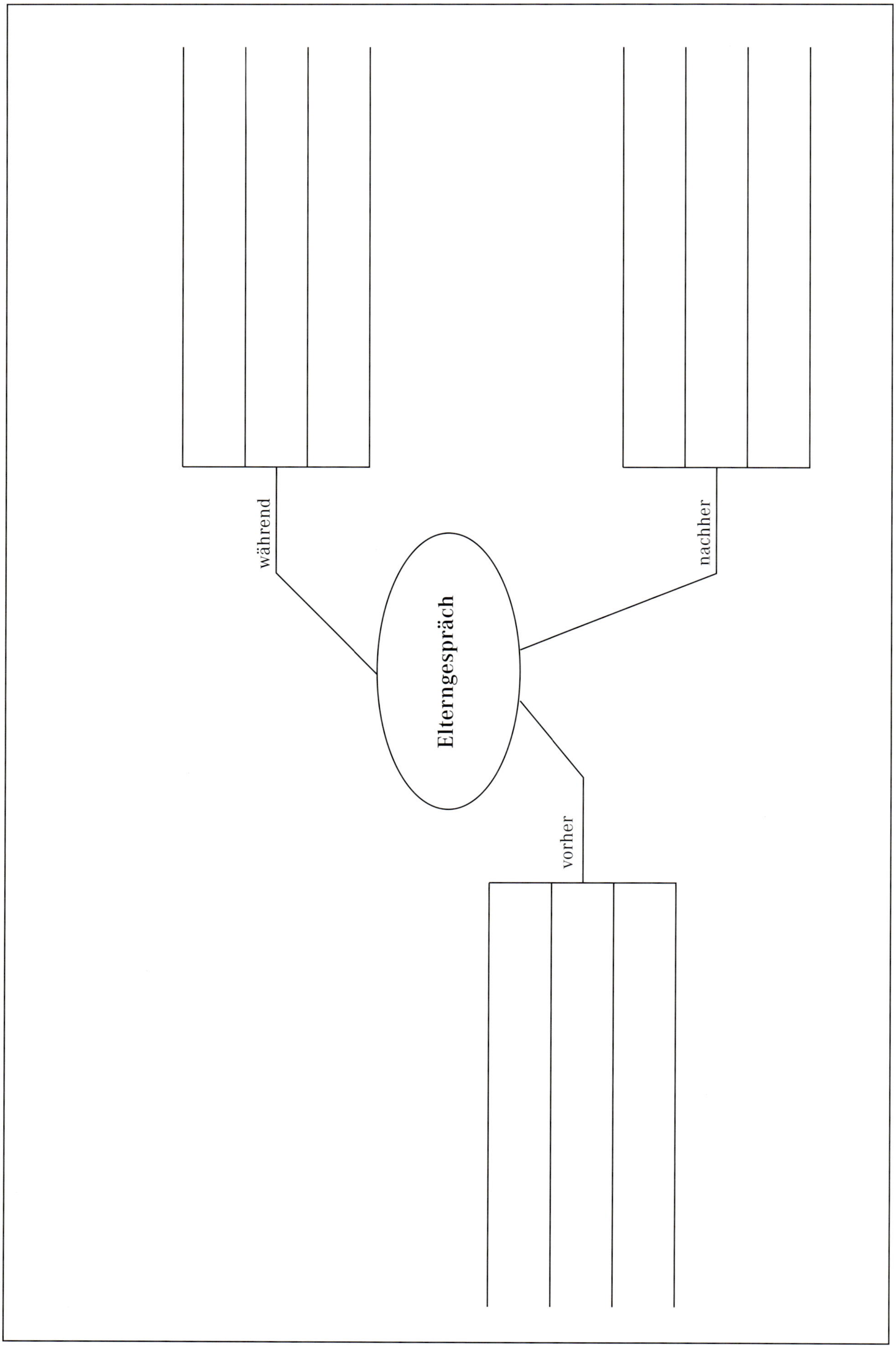
Elterngespräch
während
nachher
vorher

Jmpuls 10: Zusammenarbeit mit anderen Jnstitutionen

Als Kim (4 Jahre) neu in die Gruppe einer Kindertagesstätte kommt, ist die Kontaktaufnahme mit ihr nicht einfach: Die Erzieherin kann Kim nicht verstehen, da sie nur sehr leise und ganz undeutlich spricht. Zudem antwortet Kim auch nonverbal nicht (Kopf schütteln oder nicken), wenn ihr z. B. eine Frage gestellt wird. Kim vermeidet jeglichen Blickkontakt, starrt meist nur auf den Boden. Sie verhält sich abwartend und beobachtend. Die Erzieherin lässt ihr Zeit.

Im Laufe der Zeit verändert sich Kims Verhalten nur wenig. Sie puzzelt gerne, sitzt lange am Frühstückstisch oder baut im Sandkasten Burgen. An gestalterischen Angeboten nimmt sie teil, an Bewegungsmöglichkeiten dagegen gar nicht. Kim entwickelt nur wenig Kontakt zu den anderen Kindern. Diese verstehen sie nur schwer und reagieren nach einiger Zeit nicht mehr auf Kim.

Eines Tages beobachtet die Erzieherin überrascht, wie Kim im Baubereich verärgert gegen eine Brücke tritt, die zwei andere Mädchen gebaut haben. Kim fängt an zu weinen und läuft hinaus. Auf Fragen der Erzieherin reagiert sie nicht. Die Erzieherin spricht die beiden Mädchen an, die ihr aber nicht erklären können, was vorgefallen ist.

Weitere Beobachtungen zeigen, dass Kim zunehmend wütend wird, wenn man sie nicht versteht. Sie schubst oder tritt nach den anderen Kindern. Dann provozieren sie vor allem Gleichaltrige oder lachen sie aus. Der Zweitkraft in der Gruppe ist dabei aufgefallen, dass Kim einige Laute nicht aussprechen kann und deshalb einige Ausdrücke für die Kinder wohl witzig klingen. Sie „äffen" Kims Ausdrucksweise nach.

Die Erzieherin versucht, Kim sprachlich zu fördern, doch verweigert Kim sich, sobald sie merkt, dass Anforderungen an sie gestellt werden.

In einem Gespräch mit der Mutter erfährt die Erzieherin, dass diese mit dem Verhalten ihrer Tochter sehr unzufrieden ist. Auch findet die Mutter Kims Sprache zu „babyhaft". Sie verlangt von Kim, dass sie „normal" spricht und reagiert öfters einfach nicht auf sie, wenn diese sich weinerlich und jammernd zeigt. Die Erzieherin findet das Verhalten der Mutter nicht richtig, kann ihr aber fachlich nicht erklären warum. Sie empfiehlt, spezielle Hilfe anzunehmen. Die Mutter reagiert zögerlich. Sie meint, Kim würde sich nur anstellen, eigentlich könne sie vernünftig sprechen. Nach einigem Zureden, vor allem die Erwähnung möglicher Schulschwierigkeiten stimmen die Mutter um. Sie wäre einverstanden, mit der Einrichtung zusammen aktiv zu werden.

Die Erzieherin fragt sich, wie sie selber Kim noch unterstützen kann.

1 a) Erinnert Sie die beschriebene Situation an eigene Praxiserfahrungen oder ähnliche Probleme? Notieren Sie Stichworte in der linken Hälfte.

Erfahrungen	Verhalten

b) Wie sind Sie oder andere beteiligte Personen damit umgegangen? Sind Sie selbst schon an Grenzen angelangt und haben nicht mehr weiter gewusst?
Notieren Sie Ihr Verhalten in der rechten Hälfte.

Bd 2, LF 5
Kap. 4

c) Mit welchen Institutionen/ Einrichtungen/ Personen haben Sie bisher kooperiert?
Beachten Sie die Möglichkeiten in Bd. 2, LF 5, Kapitel 4. Schreiben Sie sie um den Kreis herum. Überlegen Sie, warum es gerade diese Institutionen waren. Gab es bei der Zusammenarbeit Probleme?

2 Wo, wer oder was ist das Problem?

a) Analysieren Sie die vielfältigen Schwierigkeiten, die in dem Fallbeispiel zum Ausdruck kommen. Beachten Sie dafür die verschiedenen Ebenen: Kind – Gruppe, Kind – Erzieherin, Kind – Mutter, Erzieherin – Mutter.

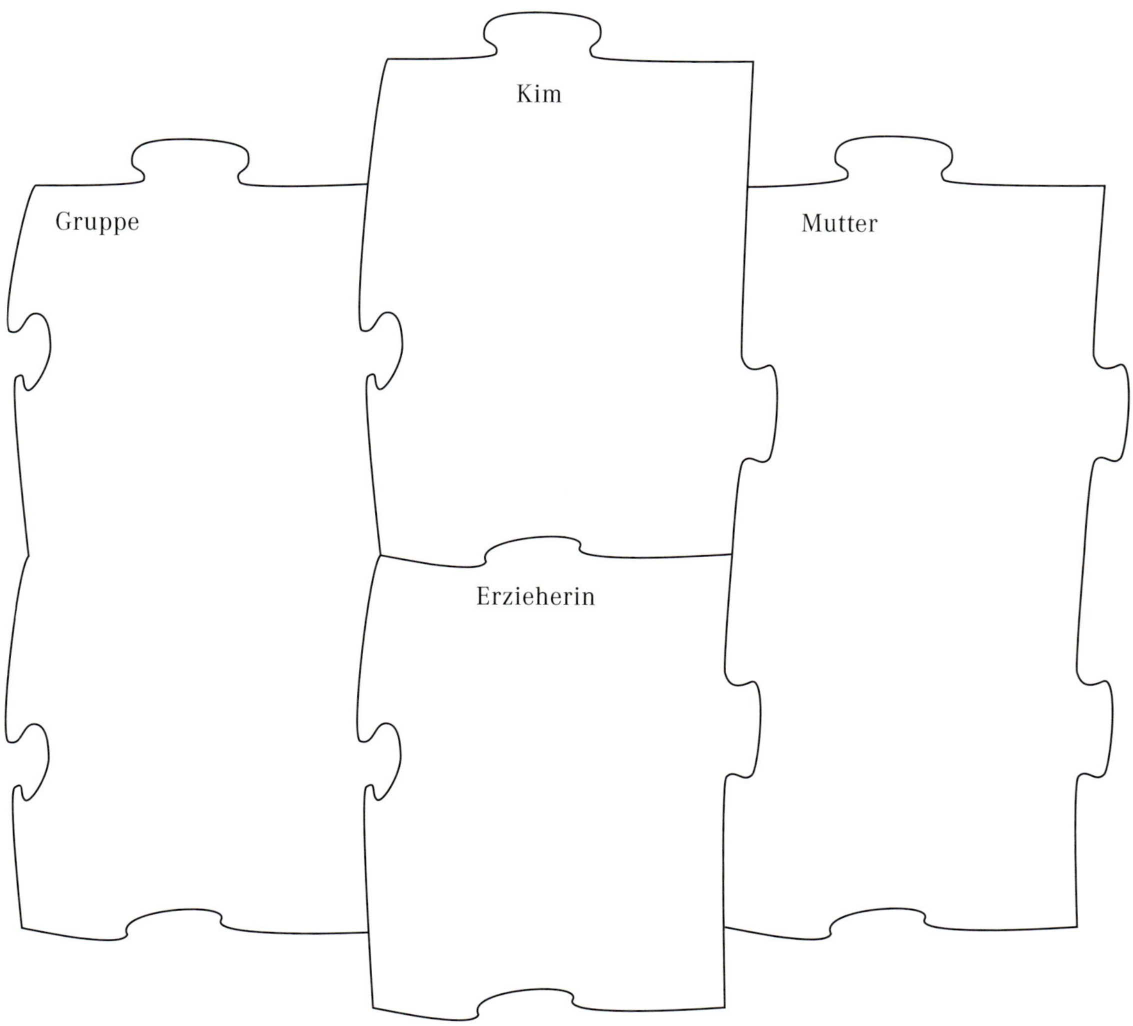

b) Beurteilen Sie die Analyse, und beziehen Sie Ihre eigenen Erfahrungen ein:

- Welche Schwierigkeiten kann Ihrer Meinung nach die Erzieherin allein angehen? Markieren Sie diese farbig.
- Wo sind Grenzen, so dass die Erzieherin sich Unterstützung holen sollte? Markieren Sie diese Probleme in einer anderen Farbe.

c) An wen kann die Erzieherin sich wenden? Welche Institutionen kämen in Frage? (Es müssen natürlich nicht immer unterschiedliche sein.)

Problem ______________________ → ______________________

Problem ______________________ → ______________________

Problem ______________________ → ______________________

Problem ______________________ → ______________________

3 a) Vergleichen Sie in Kleingruppen die Ergebnisse Ihrer Analyse, indem derjenige mit der Vorstellung beginnt, der als nächster Geburtstag hat. Die Anderen ergänzen lediglich nicht bereits genannte Aspekte.

b) Reflektieren Sie:
- Inwieweit waren bei der anschließenden Beurteilung Erinnerungen an eigene Erfahrungen hilfreich?
- Haben diese bei den Gruppenmitgliedern zu sehr unterschiedlichen Einschätzungen geführt?
- Welche Schlussfolgerungen ziehen Sie daraus?

c) Stellen Sie Kriterien auf, wann man als Erzieherin Kontakt zu anderen Fachkräften aufnehmen sollte. Listen Sie diese auf einem Plakat auf.

4 Berichten Sie im Plenum zusammengefasst von Ihren Reflexionsergebnissen.
a) Hängen Sie die Kriterien-Plakate nebeneinander, und vergleichen Sie.
b) Erstellen Sie aus den Ergebnissen einen Gesamt-Kriterienkatalog, und übertragen Sie diesen in eine Tabelle nach folgendem Muster.

Wann nehme ich Kontakt auf? (Aufgabe 4)	Kriterien der Kontaktaufnahme (Aufgabe 6)	erforderliche Informationen (Aufgabe 6)	Kriterien für erfolgreiche Zusammenarbeit (Aufgabe 7)

5 Die Kontaktaufnahme

Wählen Sie in Ihrer Gruppe aus den unter Aufgabe 2 c) genannten Institutionen/Personen eine aus.

a) Planen Sie die Kontaktaufnahme ganz konkret:

Welche Erwartungen und Ziele hat die Erzieherin?	
Wie sollte sie vorgehen?	
Was sollte sie dabei beachten?	
Welche Informationen sollte sie bereithalten?	
Welche Informationen kann sie bekommen?	
Welche Erwartungen hat die Institution/Person?	

b) Stellen Sie die Kontaktaufnahme in einem Rollenspiel dar, das die erarbeiteten Inhalte verdeutlicht.

6 Die Gruppen präsentieren nacheinander die Rollenspiele. Werten Sie die Szenen nach folgenden Schwerpunkten aus:

- Welche Erwartungen werden deutlich?
- Welche Methoden der Kontaktaufnahme werden angewendet?
- Welche Informationen/Inhalte werden angesprochen?

Halten Sie die Ergebnisse in der Tabelle von Aufgabe 4 fest.

7 Finden Sie sich in den gleichen Gruppen wie beim vorherigen Rollenspiel zusammen.

Die Zusammenarbeit: Der Anfang ist gemacht. Aber wie geht's weiter?

- Was ist Aufgabe der Institution – was ist Aufgabe der Erzieherin?
- Welche Kriterien müssen beachtet und erfüllt werden, damit die Zusammenarbeit erfolgreich verläuft?

Planen Sie ein weiteres Rollenspiel, in dem Sie ein Treffen darstellen, das ein Jahr nach der ersten Zusammenarbeit stattfindet.

8 Reflektieren Sie nach der Vorstellung die Gemeinsamkeiten und Unterschiede. Notieren Sie zum Ausdruck kommende Kriterien in der Tabelle von Aufgabe 4.

9 In „Kein Kinderkram!“, Lernfeld 5, Kapitel 4 wird betont, dass Kontakte zu anderen Institutionen aufgenommen und gepflegt werden sollten, solange noch **keine** Probleme vorliegen, so dass sie in schwierigen Zeiten oder Situationen sofort möglich sind (das in der Sonne funkelnde Spinnennetz). Zu welcher Institution/Fachkraft würden Sie gerne Kontakt aufnehmen?

a) Planen Sie einen Besuch bei dieser Institution.
Entwickeln Sie dafür aus den bisher erarbeiteten Kriterien und Voraussetzungen einen Fragebogen für ein erstes Gespräch.

Institution, Fachkraft: ____________________

b) Nehmen Sie Kontakt zu der Institution auf, und führen Sie die Befragung durch. Erstellen Sie anschließend ein Ergebnisprotokoll.

c) Tauschen Sie sich über Ihre Erfahrungen aus.

Jmpuls 11: Qualität ist messbar

Bd 2, LF 5
Kap. 5.1.2

Kann man pädagogische Qualität messen? Kann man die Qualität eines Kindergartens benoten? Fragen, die sich im Zusammenhang mit den enormen Geldmitteln, die für die Betreuung der Drei- bis Sechsjährigen ausgegeben werden nicht nur Eltern stellen. Die Kommunen, die für die vorschulische Betreuung und Bildung mit den Ländern verantwortlich sind, wollen wissen, was sie für ihr Geld bekommen. Schließlich kostet ein Platz in einer Kindertagesstätte etwa 6.000 Euro im Jahr (Stand 2006). Aber was macht pädagogische Qualität aus?

Die Kindergarten-Einschätz-Skala KES-R

Qualitätskonzept der KES-R

Es gibt verschiedene Betrachtungsweisen hinsichtlich der Qualität von Kindergärten.
Die pädagogische Qualität rückt die Sichtweise und das stellvertretend wahrgenommene Interesse des Kindes in den Mittelpunkt und macht diese zum Maßstab für die Qualität eines Kindergartens.

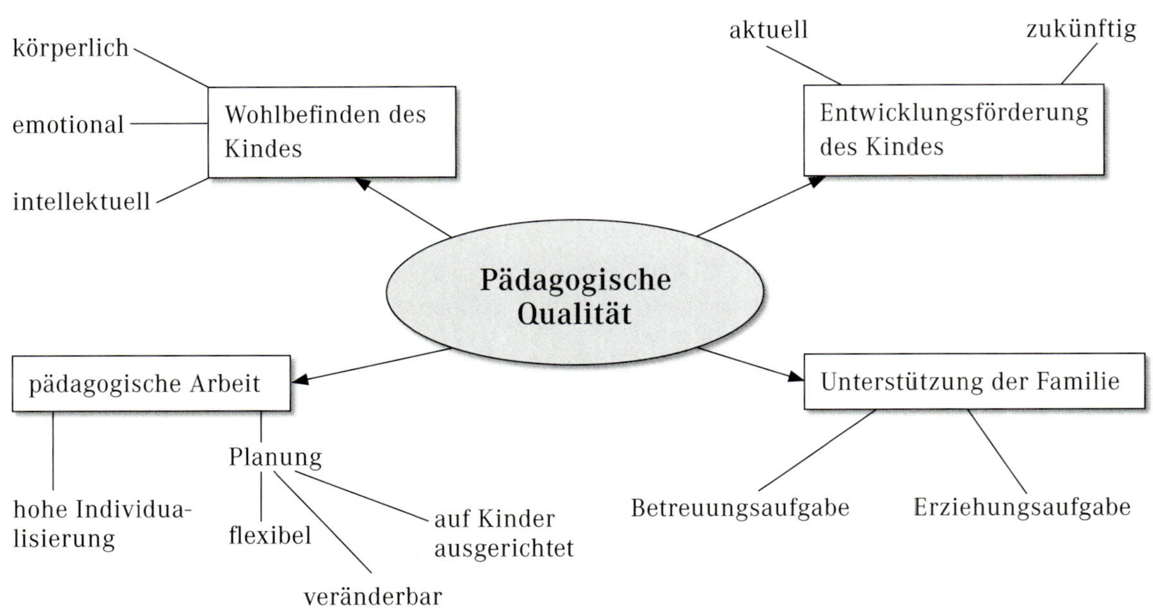

Quelle: Marlies Sindermann, Die Kindergarten-Einschätz-Skala, http://userpage.fu-berlin.de/~charisf/folien/sose2005%20sindermann%20kes.ppt.pdf, 9.10.2007

- Die Skala stellt ein Instrument zur Qualitätsmessung dar und unterscheidet drei Bereiche: Orientierungsqualität (Ziel, Konzepte, Vorstellungen über kindliche Entwicklung)
- Strukturqualität (Erzieher-Kind-Schlüssel, Raumgestaltung, Ausstattung, Aus- und Fortbildung)
- Prozessqualität (Umgang mit dem Kind, Interaktion, Einbeziehung der Familie)

In sieben Bereichen wird mit sieben Beurteilungsstufen die Qualität einer Einrichtung gemessen:

1. Betreuung und Pflege der Kinder
2. Möbel und Ausstattung für Kinder
3. sprachliche und kognitive Anregungen
4. fein- und grobmotorische Aktivitäten
5. Sozialentwicklung
6. Strukturierung der pädagogischen Arbeit
7. Erzieherinnen, Erzieher und Eltern

Zur Einschätzung gibt es sieben Beurteilungsstufen. Mit der Skala soll eine objektivere Einschätzung und neutralere Beobachtung möglich werden.

1 Schauen Sie sich das oben stehende Schaubild an. Durch welche Faktoren wird nach Meinung der Autorin pädagogische Qualität bestimmt? Notieren Sie sich Beispiele, die Sie aus der Praxis kennen.

2 Lesen sie in Wolfgang Tietze u.a., Kindergarten-Skala. Revidierte Fassung (KES-R). Beltz Verlag, Berlin 2001.
Wie sieht der Karikaturist Ihrer Meinung nach die KES-R?

3 Teilen Sie die Klasse in sieben Gruppen auf. Eine Gruppe überlegt jeweils zu einem der oben genannten Bereiche Kriterien der Beurteilung.

a) Die einzelnen Unterpunkte finden Sie in „Kein Kinderkram!“, Band 2, Kapitel 5.1.2 oder direkt in der Kindergarten-Einschätz-Skala. Überlegen Sie, was in eine solche Bewertung einfließen sollte. Listen Sie dieses auf.

b) Die Bewertung erfolgt nach einem Zahlenspektrum von 1 bis 7, wobei 1 ganz schlecht und 7 sehr gut ist. Um es konkret zu machen, können Sie sich eine Einrichtung vorstellen, die Sie kennen. Es kann auch hilfsweise die Fachschule sein.

Beispiele:

Sie wollen die Betreuung bewerten. Ein Indikator kann das Verhältnis von Kindern zu Personal sein. Aber reicht das? Sollte es sich beim Personal nicht um Fachkräfte handeln? Sollte also nur das Verhältnis von Kindern zu Fachpersonal in die Bewertung eingehen?

Oder:

Bei der Betreuung kommt es auf bedarfsgerechte Öffnungszeiten an. Aber wer bestimmt, was bedarfgerecht ist?

Wählen Sie eine Schriftführerin, die Ihren Diskussionsprozess beobachtet und dokumentiert, etwa in Form der folgenden Tabelle.

	1	2	3	4	5	6	7
Kinderzahl pro Erzieherin							
pädagogische Hilfskräfte							
Hinzuziehen externer Kräfte							
Supervision							

4 Schreiben Sie Ihre Punkte, die zur Bewertung führten, auf eine Wandzeitung.
- Hängen Sie Ihre Wandzeitung auf. Erläutern Sie Ihre Kriterien.
- Die Beobachter erläutern den Diskussionsprozess.
- Welche Gruppen hatten Schwierigkeiten mit der Kriterienbildung?
- Die einzelnen Punkte werden in einer Kriterienliste gesammelt. So entsteht eine eigene Kindergarten-Einschätz-Skala. Schreiben Sie diese entweder in ein Arbeitsheft oder erstellen Sie eine Excel-Datei für alle.

5 Diskutieren Sie, ob es eine objektivierbare Beurteilung von Qualität gibt und wenn ja, in welchen Bereichen das einfacher oder schwieriger ist.

6 Überlegen Sie, was Sie als Bürgermeisterin machen würden, wenn Sie gegenüber dem Kommunalparlament und Ihren Wählern für die gute Qualität bürgen müssten.

Benennen Sie zwei Freiwillige, die dieses in einer zweiminütigen Rede vor dem Gemeinde-Parlament vortragen. Die Vorbereitungszeit beträgt zehn Minuten.